数据价值革命

企业数据资产评估与入表

[美]黄 蓉 赵丽芳 周 平◎著

THE REVOLUTION
OF
DATA VALUE

清华大学出版社

北 京

北京市版权局著作权合同登记号　图字：01-2025-3002

图书在版编目（CIP）数据

数据价值革命：企业数据资产评估与入表 /（美）黄蓉，赵丽芳，
周平著. -- 北京 : 清华大学出版社, 2025. 6.

ISBN 978-7-302-69256-0

Ⅰ. F272.7；F273.4

中国国家版本馆 CIP 数据核字第 2025NG3067 号

责任编辑：付潭蛟
封面设计：汉风唐韵
责任校对：宋玉莲
责任印制：刘海龙

出版发行：清华大学出版社
　　　　　网　　　址：https://www.tup.com.cn，https://www.wqxuetang.com
　　　　　地　　　址：北京清华大学学研大厦 A 座　　邮　　编：100084
　　　　　社 总 机：010-83470000　　　　　邮　　购：010-62786544
　　　　　投稿与读者服务：010-62776969，c-service@tup.tsinghua.edu.cn
　　　　　质 量 反 馈：010-62772015，zhiliang@tup.tsinghua.edu.cn
印 装 者：北京同文印刷有限责任公司
经　　销：全国新华书店
开　　本：148mm×210mm　　印张：8.5　　字　数：208 千字
版　　次：2025 年 8 月第 1 版　　印　　次：2025 年 8 月第 1 次印刷
定　　价：69.00 元

产品编号：107053-01

目录 CONTENTS

第 1 章
数据与数据资产

1.1　数据与大数据

"数据"是个外来词,来自拉丁语"datum"[①],意思是"给定或授予的事实"。古典用法中,数据指与数学计算或统计相关的数字;但在现代社会中,数据的内涵远超数字。专家估计"数据"这个词大约出现在17世纪,但远早于17世纪,人们就意识到数据的重要性。远古时代,在文字和数字出现之前,先民们就已经开始用在绳子上打结的方式来记录数量,这就是著名的"结绳计数",这个数量也是最早的数据。人类社会生活中非常重要的数据是个人、家庭、团体的财产收入和支出记录,从国家层面来看,这就是财税记录。无论是古代王朝还是现代国家,都需要财税记录的详细数据,以便做出适当的财政安排。由于土地是重要的税收基础,因此土地数据是财税数据的核心要素。英国最早的财税资料是1087年威廉一世清查全国土地所得的结果,被记录在《末日审判书》

---

① 数据的英文是 data,是 datum 的复数形式。

中。此外，英国财政署的《财政署收入年表》收录了自12世纪至19世纪每年英格兰各郡郡守交纳给国王的赋税和拖欠金额的资料，现存最早的资料是亨利一世1130财年的记录。

除土地数据外，人口数据也非常重要。按人口征收的税称为"丁税"或"人头税"。国家要按人口征税，就需要掌握现有人口数量和变化的数据。除了丁税，还存在兵役、徭役等与人口相关的非货币性税负，这就需要人口的年龄、性别等数据，因此需要进行更详尽的人口普查。最早与现代人口普查接近的数据是中国明朝初期（14世纪）官府登记户口的簿册，每户的分册称作"户帖"，由居民保管；辖区内各户的总册称作"户籍"，留归官府并报户部。户帖调查项目包括五项：户的种类（分军户、民户、匠户），户主籍贯（原籍、现籍），居住地（乡、都、保、圩），家庭成员（姓名、年龄、人数），与户主的关系。图1.1是明朝洪武四年（公元1371年）官府发给徽州府祁门县汪寄佛家的户帖。值得注意的是，户帖不仅包含了数字信息（比如家庭成员的年龄、人数），也包含了大量文字信息（比如户的种类、户主的籍贯等），这说明数据的范围远超数字。

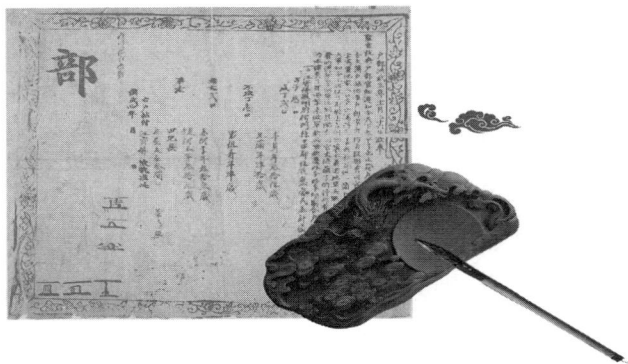

图1.1　中国明朝初期的户帖

　　无论是个体、企业还是国家，拥有全面、完整、高质量数据的重要性都是显而易见的。但在古代，获取高质量的数据是很困难的，为应对数据匮乏而采取的一些措施常会带来意想不到的结果。欧洲历史上征收过一种窗户税，其本质是房产税，但因为当时的政府无法获得关于房产价值的高质量数据，只能用易获得但低质量的数据——窗户的数量来代替。窗户越多的房产被认为价值越高，所需缴的税也越多。英国于 1697 年开征窗户税后，人们想方设法地减少房屋的窗户数量以减少纳税金额，甚至逃避纳税义务。为了多征税，英国不断下调起征的窗户数目，而英国房屋的窗户数量也随之减少。比如 1776 年，当起征窗户数目从 10 扇下调到 7 扇时，英国几乎 2/3 的房屋的窗户数量都减少到 6 扇。虽然减少窗户数量可以少纳税，但屋里的阳光和清新空气也同时减少，人们被迫生活在阴暗、潮湿、空气浑浊的房子里，不仅损害了健康，也导致传染病更易流行，社会的公共卫生状况急剧恶化。在社会的巨大压力下，英国于 1851 年废除了窗户税。法国在大革命期间从英国引进窗户税，但直到第一次世界大战快结束的 1917 年才废除。窗户税被废除了，但房产税并没有废除，实际上房产税是现代欧美国家的重要税种。由于政府掌握了更准确的房产价值的数据（建筑年代、建筑标准、建筑面积、交易记录等），政府可以更高效地征收房产税，同时又不会造成窗户税那样的公共卫生悲剧。窗户税的历史充分说明了获取高质量数据的重要性。

　　早期的数据主要以数字和文字的形式存在，但随着信息技术的发展，数据逐步演化成对可传输和可储存信息的总称。现代社会中数据的概念不仅包含数字和文字，也包括图像、声音、视频等形态的信息。例如，2018 年 4 月 7 日至 6 月 9 日，张学友在南昌、赣州、嘉兴、金华举办了 4 场巡回演唱会，警方在这 4 场演唱会上总共抓获了 5 名逃犯。警方并不是事先知道逃犯要去看张学友的演唱会，而是通过演唱会安检时的人脸识别与逃犯数据库进行自动比对时发现的。同样的技术也被广泛应用在火车站、机场、汽车站、商场、酒店等人流密集的地方，让逃犯无处藏匿。在这个例子里，对抓捕逃犯起到关键作用的是海量的人脸图片数据以及高效的人脸识别技术。

在万物互联的时代，所有能够被记录和存储的信息都将被数字化（digitized），从而成为数据。随着信息技术的高速发展，现在人类每天产生的数据是一个天文数字，并且这个天文数字还在快速上升。以照片为例，人类的第一张照片拍摄于 1826 年，到 185 年后的 2011 年人类拍摄的所有照片的总数估计为 3 800 亿张。华为最新发布的《华为影像 XMAGE 2023 年度趋势报告》显示，2023 年全球拍摄的照片总数可能超过 1.4 万亿张，其中 89% 以上通过手机拍摄。换句话说，2023 年一年新拍摄的照片数量是自照片问世后的 185 年（1826—2011 年）拍摄的所有照片数量的 3.68 倍。

根据美国著名的全球数据和商业信息平台 Statista 的估计，人类在 2023 年产生的数据总量大约是 120 ZB（一部时长 2 小时的高清电影的数据量通常不超过 0.01TB，而一个 ZB 是 10 亿个 TB）。超过一半的互联网数据由视频贡献。在 2010 年时人类产生的数据总量才约 2 ZB，13 年后这个数字翻了 60 倍。该机构估计 2025 年产生的数据总量可能会达到 180 ZB[①]。全球历年的数据总量如图 1.2 所示。

2012 年 12 月牛津大学教授维克托·迈尔·舍恩伯格（Viktor Mayer-Schönberger）与《经济学人》杂志的数据编辑肯尼斯·库克耶（Kenneth Cukier）合作出版了《大数据时代》（*Big Data: A Revolution That Will Transform How We Live, Work, and Think*），从此，"大数据" 这个新名词开始被广泛使用和传播，逐渐成为日常用语的一部分。顾名思义，大数

---

① https://www.statista.com/statistics/871513/worldwide-data-created/.

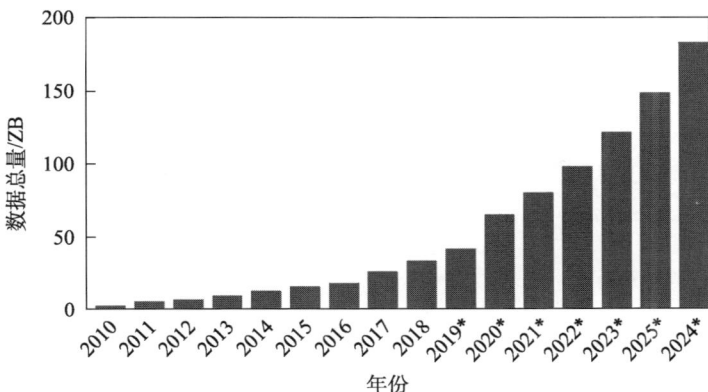

图 1.2　全球历年的数据总量

（注：图中 2019 年至 2024 年数据为 Statista 预估。）

据指规模庞大的数据。根据维基百科的定义，大数据是一种大规模的数据集合，其规模远远超过传统设备、数据库和软件的存储及分析能力。我们认为大数据有四个重要特征：体量大、速度快、种类多、价值密度低。在商业领域，比如市场营销、风险管理、人力资源管理等方面，大数据可以帮助企业更好地理解客户行为，从而优化产品和服务。在社会领域，比如公共安全、医疗保健、城市规划等方面，大数据可以帮助政府改善决策，更好地提供社会服务。在教育领域，大数据可以帮助学校和老师研究并分析学生学习参与、学习表现和学习过程的相关数据，进而对课程、教学进行实时修正并预测学习者未来的学习趋势，有助于实现弹性学习、个性化辅导，真正做到因材施教。在医疗领域，大数据应用为医疗科学研究和临床实践带来了巨大的便利，帮助医生更准确地诊断和治疗疾病，帮助医疗企业更高效地研发新的药物和生产新的器械，提高医疗质量和效率，并降低医疗成本。大数据是一场革命，深刻地改变了我们生活、工作和思考的方式。在《大数据时代》出版 11 年后的今天，大数据的价值已经被广泛认可，并以前所未有的速度影响和塑造着我们的生活。

在简单回顾了数据和大数据的历史后，接下来我们将从财务的角度，深入讨论什么样的数据可以被看作是一种资产，并计入财务报表。我们强调，并非任何数据都有显著的经济价值，数据也不是越多越好。对数据资产的认定、评估和入表需要有深厚的理论基础、严格的判定标准和完备的操作流程。

1.2　数据资产的定义与特性

尽管数据在经济和社会活动中的重要性早已被广泛认可，但数据资产却是一个新概念。数据资产这一新概念产生的背景是，以大数据、云计算、区块链、物联网、工业互联网、5G、人工智能等为代表的新一代信息技术加速突破应用，从而带来数字经济的蓬勃发展。根据中国信息通信研究院发表的《全球数字经济白皮书（2023 年）》的估算，2022 年全球 51 个主要国家或地区的数字经济规模为 41.4 万亿美元，同比名义增长 7.4%，占 GDP 的 46.1%。从规模看，美国数字经济规模达到 17.2 万亿美元，蝉联世界第一，占 GDP 的比例达到 67.5%。中国的数字经济规模为 7.5 万亿美元，位居世界第二，占 GDP 的比例约为 41.5%。毫无疑问，数字经济已成为这个时代最强大的增长引擎。数字经济的背后是庞大的数字基础设施建设，以及人工智能在各个领域的深入应用。数字经济的核心基础是大数据，没有大数据，再好的算法也无法产生人工智能，也就无法提升生产力，无法创造价值。

在 2019 年之前，公认的生产要素包括土地、劳动、资本和技术。2019 年 10 月，我国首次将数据纳入生产要素。这是非常重大的一项举措，反映的正是数据融入了生产、分配、流通、消费等各个环节，深刻地改变了经济发展驱动力和社会运行方式的现实。数据和传统生产要素结合可以优化资源配置、提高生产和管理效率、促进生产过程的自动化和智能化。数据的应用可以帮助企业发现新的商业机会和价值点，创新业务模式和产品服务，提高企业的竞争力和盈利能力。随着大数据的不断累积和完善，以及人工智能等技术的不断进步，企业可以更加深入地挖掘数据的价值，实现数据驱动的决策和生产。数据的价值在于其能够为企业提供深入的洞察力，优化决策过程，提高运营效率，甚至创造新的商业模式和市场机会。这种价值创造是数据成为资产的基础前提。

在讨论数据资产之前，我们首先要了解什么是资产，然后再分析数据资产区别于其他资产的特性。资产是指企业过去的交易或事项形成的、由企业拥有或控制的、预期会给企业带来经济利益的资源。从资产的定义中我们可以看出资产有两个基本属性：第一，资产必须是企业拥有或控制的资源，即资源的经济所有权是明确的。企业可以使用但没有所有权或控制权的资源不是该企业的资产。例如，飞机和机场对航空公司都非常重要，但航空公司只拥有或控制飞机，对机场只是付费使用，没有所有权或控制权，因此飞机是航空公司的资产，而机场不是。第二，资产的核心特征是预期会给企业带来经济利益，不能带来经济收益的资源则不能视作资产。例如，对于一家运输公司来说，能够正常行驶的车辆是资产，但完全报废的车辆则不是资产。

数据作为一种与传统资产不同的信息资产，如果要纳入资产核算范畴，需要同时满足资产的两个基本属性：具有明确的经济所有权和收益性。学术界对数据资产需要满足资产的这两个基本属性没有争议。比如，司雨鑫（2019）将数据资产定义为企业日常运营中形成的、由企业拥有或控制的、以数据形式存在的、预期可以带来现金流流入的非货币性资产。张俊瑞等（2020）将数据资产解释为由企业拥有或控制的、具有数据化形态的、可辨认的非货币性资产。许宪春等（2022）认为数据资产是拥有应用场景且在生产过程中被反复或连续使用一年以上的数据。按照《中国国民经济核算体系（2016）》和《企业会计准则——基本准则》对于资产的定义，同时参考其他学者对数据资产的定义，我们将数据资产定义为"企业拥有或控制，预期会给企业带来经济利益的、以数据为主要内容和服务的可辨认的非货币性资产"。

数据作为生产活动的结果，从产品类别看，它兼具货物和服务的特征[①]。由于数据本身的种类和性质较为复杂，如其应用场景的价值多元性、市场价值的不确定性、二次开发的价值叠加性等，使得数据资产也具备场景依附性、非消耗性、时效性、共享性和非竞争性等显著异于传统资产的特性[②]。

场景依附性：数据资产的价值与应用场景相关，同样的数据资产被不同企业应用会创造不同的价值。不同行业的企业由于其自身的经营场景和管理模式不同，对数据的需求和定价也不同。例如交通出行数据，网约车公司可以利用它来匹配司机和乘客，提高出行服务效率，增加收入；政府部门则可以利用这些数据优化道路建设，提高交通服务质量。显然，同样的数据对网约车公司和政府部门的价值是不一样的。但传统资产则没有这个特性。比如车辆，无论它是属于网约车公司还是属于政府部门，其价值都主要由车辆本身决定（取决于型号、里程、年限等），而与应用场景关系不大。因此，数据资产的一个重要特性是其价值依附于应用场景，而应用场景又具有多样性，这就使得对不同应用场景下的数据资产进行归类、管理并统一评估成为一项重要问题。

---

① Mandel, 2012。

② 许宪春等，2022。

非消耗性：数据资产的价值虽然可能会随着企业的更新加工、不断积累挖掘或特定事件的发生而产生变化，但不会因为被使用而产生减值或损耗[①]。反之，传统的实物资产是具有消耗性的，传统资产的使用会带来折旧。数据资产非消耗性的特征给数据资产的折旧核算带来挑战。

时效性：新数据产生、社会经济环境变化或企业商业模式变更等内外部因素，都会导致原有数据资产升值或贬值，价值变化的速度主要取决于数据的类型和用途。比如，金融市场上的价格数据是数据时效性最显著的代表。因此，数据资产的价值与其评估时间点有着紧密的联系，其市场价值的波动对于价值评估而言是一大难点。

共享性和非竞争性：数据资产本质是一种数字信息，独立于存储的物质载体，即它能同时在不同的物质载体上存储（比如同时存在于云端和不联网的服务器中），可以实现多主体同时共享，与无形资产的共享性有相似之处。但区别于传统的无形资产，数据具有非竞争性，一种数据被一个人获得后，其他人还可以继续获得该数据，数据复制的边际成本几乎为零。因此，数据资产的共享并不会给使用主体带来损失，其价值也不会因重复销售而减损。而传统无形资产则明显具有竞争性，比如专利，专利存在的目的正是要确保竞争对手无法使用这项资产。

数据资产的形式多种多样，其分类与数据资产的会计计量和估值息息相关。比如，可以按照价值属性、生产对象、存储形式、权属、供给方式以及使用方式等对数据资产进行分类：

（1）数据资产按价值属性可分为资源性数据资产和经营性数据资产。资源性数据资产是数据资源在尚未进入流通市场之前的形态，主要是在内部形成并使用；经营性数据资产则是指被产品化以后的、可以直接在市场上作为"商品"流通的数据资源。这一分类方法也是数据资产

[①] Rassier 等，2019。

化实施路径的重要依据。

（2）数据资产按生产对象可分为与人、货或者场景有关的数据。与人相关的数据指围绕个人生产生活所产生的数据，比如个人的年龄、性别、收入等；与货有关的数据包括与产品、设备等实物相关的信息，如产品的型号、性能等；与场景有关的数据指人与周围环境的连接数据，如家庭生活起居信息、公交车日客流量等。

（3）数据资产按存储形式可分为结构化数据、非结构化数据和半结构化数据。结构化数据指严格遵循数据格式和长度规范，主要通过关系型数据库进行存储、调用和管理的数据；非结构化数据可以理解为不满足上述条件的数据，比较典型的就是文本、图像、视频等；半结构化数据则居于两者之间。

（4）数据资产按权属可分为公共数据、企业数据和个人数据。公共数据指由政府及相关单位在提供公共服务的过程中产生的数据；企业数据则是企业在生产经营活动中产生的数据；个人数据顾名思义，即由个人在日常生活中产生。

（5）数据资产按供给方式可分为自给性数据与交易性数据。自给性数据产生于内部，而交易性数据来自外部。

（6）数据资产按使用方式可分为供国内市场生产者使用、供国内非市场生产者使用，以及供出口国外使用，其中，国内非市场生产者主要包括政府与非营利性组织。

1.3　数据资产和财务报表

由于数据资产具有场景依附性、非消耗性、时效性、共享性和非竞争性等特性,因此数据资产在价值分配与计量上与传统资产有较大差异,对企业数据资产的估值也产生了一定挑战。尽管如何确认、评估和计量数据资产在技术上依然存在很多困难和争议,但学者们普遍支持将数据资产化。《大数据时代》中写道:"虽然数据还没有被列入企业的资产负债表,但这只是一个时间问题。"在该书出版的 2012 年,数据资产入表还只是一个设想,但在 2024 年,这已经成为现实。

在 2019 年 10 月数据首次被纳入基本生产要素之后,我国出台了一系列与数字经济,特别是大数据相关的政策法规,全方位覆盖了宏观层面数字经济的顶层设计、中观层面数据要素的制度安排以及微观层面数据资源的规范建立。2021 年 3 月,《中华人民共和国国民经济和社会发展第十四个五年规划和 2035 年远景目标纲要》做出了完善数据要素产权性质、建立数据资源产权相关基础制度和标准规范、培育数据交易平台和市场主体等明确的战略部署。同年 6 月,十三届全国人大常委会通过了《中华人民共和国数据安全法》,这是我国首部数据安全领域的基础性律法。2022 年 12 月,《中共中央国务院关于构建数据基础制度 更好发挥数据要素作用的意见》正式出台,标志着我国数据要素市场进入了有序规范的探索和发展阶段。

在对数据资源的会计处理方面,我国也提出了相应的制度安排。2023 年 8 月 23 日,财政部发布了《企业数据资源相关会计处理暂行规定》(以下简称《暂行规定》),自 2024 年 1 月 1 日起开始实施。《暂行规定》根据《中华人民共和国会计法》和企业会计准则等相关规定,首次明确了数据资产的确认、适用范围、会计处理标准以及披露要求等内容。具体来讲,《暂行规定》按照数据资源有关的经济利益的预期消耗方式,根据企业持有对客户提供服务、日常持有以备出售等不同业务模式,将数据资源分类为无形资产和存货科目进行确认、计量和报告。这一规定的颁布对规范企业数据资源相关会计处理和加强相关会计信息披露具有重要意义。《暂行规定》首次从政策角度明确允许将数据资产确认入表,使得原先只能费用化处理的数据资源开发成本在满足一定条件后得以确认为资产,为报表使用者提供决策有用信息,同时帮助数据驱动型企业吸引外部融资、优化财务结构、提升公司价值。我国关于企业数据资源的相关探索不仅有助于监管部门完善数字经济治理体系,还有助于我国在国际会计准则制定等工作中贡献中国智慧、提供中国方案。为了解决数据入表实践当中的一些困难,进一步优化数据资产入表的工作,财政部于2024 年 1 月 11 日印发了《关于加强数据资产管理的指导意见》(以下简称《指导意见》)。《指导意见》在数据资产管理、数据资产权责确认、数据资产开发使用、数据资产价值评估、数据资产披露等方面都做了清晰阐述。

数据资产入表对于数据要素型企业(也称"数商")的影响最为显著。根据上海市数商协会的分类,数商主要有以下四类:

(1)资源供给型数商:以提供数据资源作为主要业务形态,通过收集自身业务活动产生数据或集成外部数据等方式持有数据资源,形成数据产品并对外提供;

(2)技术赋能型数商:以提供技术工具或技术服务为主要业务形态,具备数据存储计算、加工处理、分析挖掘、治理、安全等领域的成熟技术能力,并对外提供相应的技术类支持与服务;

(3)生态服务型数商:以提供除数据资源、技术能力外的其他服务为主要业务形态,能够提供数据合规、安全、质量等评估服务,或者交易撮合、交易代理、专业咨询、数据经纪、数据交付等中介服务;

(4)数据消费型数商:以整合、采购数据资源并进行应用为主要业务形态,具备根据业务需求形成相应数据消费品,并在企业实际经营过程中实施应用的能力。

　　资本市场对数据资产入表政策的反响是非常积极的。在《暂行规定》政策发布当天，数据要素板块大涨。截至当日收盘，国家发改委数据合作平台上海钢联、数据分析与决策支持服务机构零点有数、大宗商品价格指数提供商卓创资讯等多只个股涨停，人工智能及大数据服务商汇纳科技、数据智能服务商每日互动、数据资产化服务商易华录等涨幅超15%。随后一周，A 股数据要素板块持续领涨。从资本市场对数据资产入表与披露政策出台的热烈反响中我们可以看出，投资者预期政策落地后相关企业数据要素价值将进一步释放，数字经济发展将进一步加快。

第2章
数据资产评估

2.1 数据资产的价值

数据资源要形成资产，必须能给企业带来价值。由于不同的企业有不同的商业模式，因此数据产生价值的方式也不一样。我们首先来看两家著名的数据驱动型企业的例子。从这两个例子中，我们能够强烈地感受到数据资产对这两家企业无与伦比的重要性，同时也可以体会到数据资产的多样性和复杂性带来的价值评估的挑战。

浙江核新同花顺网络信息股份有限公司（以下简称"同花顺"）是在A股上市的、国内领先的互联网金融信息服务公司。它的主要业务是为国内外各类机构客户提供软件产品及系统维护服务、金融数据服务、智能推广服务，为个人投资者提供金融资讯、投资理财分析工具、理财产品投资交易服务等。同花顺的主要收入来源为增值电信服务、软件销售及维护服务、广告及互联网业务推广服务、基金代销及其他交易服务。其中，增值电信服务在2023年的收入为15.29亿元，是第一收入来源，占公司2023年收入的42.9%。同花顺的增值电信业务指的是客户付费购买同花顺的金融数据和决策辅助服务。同花顺搜集、整理了海量的金融数据，比如宏观经济数据、行业经济数据、企业研究报告、新闻资讯、股票实时和历史价格及交易量数据、机构投资者和散户的交易数据、上市公司的各类财务数据等。在此基础上，同花顺还对数据进行一些统计分析，给出一些投资建议。同时，同花顺大力研发人工智能大模型，于2024 年 1 月 12 日正式发布问财 HithinkGPT，这是国内首家通过网信办备案的金融对话大模型。HithinkGPT 预训练金融语料达到万亿 tokens，涵盖股票、债券、期货、外汇、商品价格、宏观经济以及行业经济等多方面的数据。该模型能够高分通过多个金融领域的专业考试，已经具有一定智能水平。预计在 AI 赋能下，同花顺付费转化率会得到进一步的提升。此外，同花顺的软件销售、广告及基金代销业务也非常依赖客户行为和特征数据。显然，数据是同花顺业务的核心驱动力。那么，同花顺有哪些数据可以被看作是数据资产？如何评估这些数据的价值，依据是什么？

2009 年 6 月 26 日，年仅 20 岁的北京邮电大学学生徐逸创建了一个名为 MikuFans 的视频网站，主打 ACG（Animation 动画，Comic 漫画，Games 游戏）内容创作与分享。2010 年 1 月，MikuFans 改名为哔哩哔哩（bilibili）。时至今日，哔哩哔哩已经发展为中国最大的弹幕视频分享网站，最大的虚拟二次元社区，并在纳斯达克和港交所两地上市，成为中国年轻一代的标志性品牌。哔哩哔哩是典型的互联网企业，它的业务价值与其创造的网络平台和用户社区，以及用户创造的海量数据息息相关。哔哩哔哩在 2024 年 3 月 27 日发布了截至 2023 年 12 月 31 日的 2023 年度业绩公告。该业绩公告中写道："我们生生不息的内容生态是我们业务的基石……我们鼓舞人心的社区氛围及互动功能进一步深化用户和平台之间的联结……我们不断扩张且高参与度的社区是商业化的基础。"哔哩哔哩的收入分为四个来源：增值服务、广告、移动游戏以及 IP 衍生品及其他。其中增值服务收入在 2023 年达到 99 亿元，是最大的收入来源，占总收入的 44%。增值服务的主要形式是直播收入，而直播服务的本质是由用户（博主或 UP 主）创造的视频数据或哔哩哔哩购买的视频数据（如英雄联盟全球总决赛）。广告收入在 2023 年达到 64 亿元，是第二大收入来源。广告收入是根据用户行为数据，定向投放广告产生的收入。移动游戏在 2023 年的收入是 40 亿元，来自用户为使用云端游戏支付的费用，而游戏的本质也是数据。最后，IP 衍生品及服务在 2023 年的收入约为 22 亿元，其中一部分是直播分销收入，另一部分是基于二次元 IP 开发的文创用品和玩具等。哔哩哔哩每天产生的数据包括视频内容数据、用户行为数据、广告数据等。哔哩哔哩的商业模式中用户参与直播付费购买数据的占比不高，主要通过吸引用户参与互动来获取收入，而同花顺的商业模式中用户付费购买或订阅数据是主要收入来源，但是两家公司都会利用用户行为数据进行广告投放。用户创造的内容数据是哔哩哔哩商业模式的核心，但这算哔哩哔哩的数据资产吗？哪些数据算哔哩哔哩的数据资产，其价值该如何评估？

在数据资产评估框架中，通常会从数据资产的内在价值、成本价值、业务价值、经济价值以及市场价值等多维度来进行研判。

内在价值是指数据资产潜在能发挥的价值，涉及数据资产的规模和质量指标，以及平台运营能力、支撑能力、数据活性等指标。比如，对同花顺和哔哩哔哩两家公司的投资者来讲，用户数与日活数都是非常重要的指标。对同花顺的用户来讲，同花顺提供的金融、宏观和产业数据的完整性、准确性和及时性非常重要。对哔哩哔哩的用户来说，平台提供的内容的丰富性、虚拟社区的活跃度和适配性很重要。尽管内在价值是数据的核心价值，但实践中对内在价值评估的难度很大。

成本价值是指获取数据资产的成本，包括数据建设成本、采集成本、加工成本、运维成本等。由于成本可以追溯，相对比较可靠，因此是数据资产评估的重要依据。成本价值评估中比较困难的部分在于成本的分配。比如，同花顺可以比较容易地计算公司搜集、清洗、整理宏观经济数据的成本，但如何把这些数据的成本准确地分配到不同的产品上去并不容易。假设有些产品使用了宏观数据，但产品本身却是免费的，目的是为其他付费产品引流。如果仅把宏观数据的成本分配到免费的产品上，就可能会得出宏观数据没有产生收入的错误结论。

业务价值是指数据资产带来的业务提升，主要体现在一些关键业务指标的提升上。但业务指标的变动很难直接显示数据驱动的成效，因为这些指标的提升往往取决于产品、营销、渠道、客户经理等诸多因素。数据资产在其中的贡献度难以度量及分配。比如，哔哩哔哩新引进一些动漫影视作品，这可能会带来付费会员数量的上升，但很难确认有多少新付费会员是由这些动漫影视作品带来的。

经济价值关注数据资产对净利润的贡献，即数据驱动的价值提升部分。数据资产对净利润的贡献难以直接计算，企业需要根据自身情况，聚焦特定业务场景计算数据要素价值。比如，同花顺可以整理一些新的数据，用户可以单独购买这项数据的使用权，或者提高原来的月费、年费来获取这项数据的使用权。此时同花顺可以较准确地计算出该数据的经济价值。

市场价值是数据交易实际售卖的价值，即数据产品的现时公允价值。该类价值非常直观，但是面临数据要素市场交易活跃度不足、定价标准不统一等问题。如果同花顺或者哔哩哔哩选择在数据交易所等交易市场出售它们的数据并且成交，那么就会获得该数据的市场价值。目前在市场上进行交易的数据只占全社会总数据资产的非常小的一部分，因此大多数数据资产没有市场价值。但是随着数据交易市场的发展，会有越来越多的数据资产获得市场价值。

2.2　数据价值链

要评估数据资产，首先需要理解数据资产的盈利方式，而数据资产的盈利方式与数据价值链密切相关。早期学者们认为数据价值链主要包括三个环节：数据发现、数据整合与数据开发[1]。在后续研究中，学者们又新增了数据的储存环节[2]，将数据价值链重新归纳为数据收集、数据储存、数据分析与数据货币化四个部分，每个环节都可以选择外包或是自行生产。如数据收集环节外包给移动设备公司，数据储存环节外包给云服务公司，数据分析环节外包给数据咨询公司，数据货币化环节外包给算法公司等，由此衍生出了四类企业，也是数据资产盈利的四种模式。四类企业按照对数据资产的依赖程度可以分为数据支持（data-enabled）企业与数据增强（data-enhanced）企业[3]。数据支持企业的盈利方式主要分为售卖数据或数据许可证、销售数据相关产品，代表性商业企业包括高德地图、客户关系管理公司 ZenDesk 等；数据增强企业的盈利方式主要有优化现有产品、提高整体生产效率，代表性商业企业包括字节跳动、亚马逊等。

国内学者的数据价值链研究则更强调数据治理平台的建立[4]。黄丽华

---

① Miller 和 Mork，2013。

② Li 等，2019；Faroukhi 等，2020。

③ Nguyen 和 Paczos，2020；Mitchell 等，2021。

④ 王伟玲，2020；何玉长和王伟，2021；文英姿等，2022。

等（2022a）基于数据流通视角提出的数据价值链这一概念，反映了数据从原始数据、数据资源、数据产品到数据资产的逻辑过程。数据资源化、资源产品化和产品价值化三大环节使数据要素形成了具备明确应用场景的可持续服务的数据资产，如图 2.1 所示。

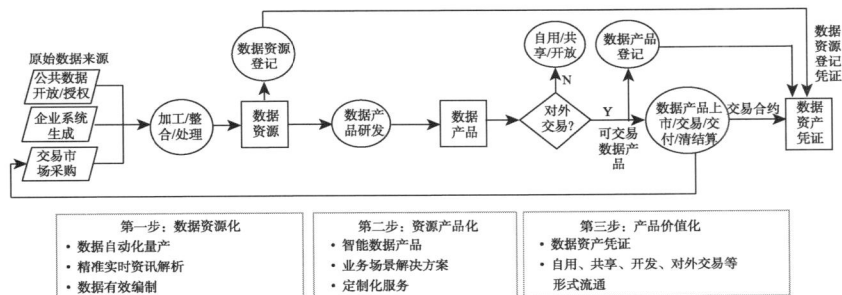

图 2.1　数据资产运营三大环节

在数据资源化环节，企业将不同来源的原始数据（特别是非结构化数据）经过必要的加工、整合及处理，形成可重复使用、有广泛应用场景、容易获取和调用的结构化数据资源。这是释放数据价值的必要环节[①]。企业的原始数据的来源有三种形式[②]，包括公共数据的开放与授权运营、企业系统在生产经营过程中生成数据，以及在交易市场上采购数据。在此阶段，数据产品的认定必须满足四个基本条件，即内容合规真实可用、数据来源可确权、具有明确的使用场景以及能提供用例和测试数据。

在资源产品化环节，数据资源的拥有者或拥有加工权的使用者需要在发现客户需求的基础上，开展专门的数据产品设计和开发，以完成数据产品的研发。数据产品是指包含实质性加工和创新性劳动的，可满足

---

① 何玉长和王伟，2021。

② 黄丽华等，2023。

内外部用户需要的，由数据内容和服务终端组成的，具有可持续能力的服务①。因此，可交易的数据产品需要具备可持续供给的技术能力和数据更新能力，以符合可定价的要求。

在产品价值化阶段，数据产品进入流通环节，并获得价值。可交易数据产品的价值可以通过交易合约体现。数据产品的权属、合约和交易信息将会被记录在数据资产凭证当中，构成数据资产会计计量的可靠依据之一②。企业可通过对内服务、共享或对外流通交易获取数据资产价值，实现数字产品的价值化。数据产品价值化的目标是促进数据要素的广泛流通使用，实现数据要素的乘数、放大功能，提高经济产出，从而满足《企业会计准则》中"预期会给企业带来经济利益流入"的要求③。

2.3　数据资产评估理论

现代会计制度对传统资产采用成本法（如厂房、机器设备等固定资产）或市场法（如持有的有价证券）的方式来评估价值。相较于传统资产，数据资产的评估要困难得多，这是因为数据的权属、成本的归集和分配、收益实现的途径等较难确认，同时也缺乏可比数据的交易市场。尽管如此，学术界还是提出了数据资产评估的基本理论。

从数据资产盈利的方式（数据收集、数据储存、数据分析与数据货币化），以及数据资产创造价值的商业模式（数据支持商业模式与数据增强商业模式）出发，结合数据资产的特点及分类，学术界提出数据资产

---

① 黄丽华等，2022b。
② 文英姿等，2022；黄丽华等，2023。
③ 张俊瑞等，2020。

的价值评估的四个关键指标：成本因素、固有价值因素、市场因素以及环境因素，如图 2.2 所示。

成本因素	固有价值因素	市场因素	环境因素

图 2.2　数据资产价值评估指标

成本因素：外购数据存在购买成本与交易成本，评估核算直接便利，自有数据成本的确定却有难度。自有数据在收集、存储、结构化处理、分析的过程中也会不断产生人工费用、材料费用、间接费用等。要合理确定自有数据的成本，需要深入了解数据资产的用途、业务部门对物资和人员的领用、数据资产研究阶段与开发阶段的区分节点，以及数据资产与数据开发系统的区分与衡量。特别地，为了适应企业不断变化的业务实践，数据资产往往需要持续地更新维护以确保数据时效性。运维成本如何纳入数据资产的成本计量也是一个重要问题。

固有价值因素：其衡量依赖于数据本身的各种指标，包括数据质量、数据规模、数据多样性与数据活性等。其中，数据质量是保障数据应用的基础，数据质量要素包括准确性、完整性、规范性、一致性、时效性、可访问性等。

市场因素：数据资产的价值强依赖于应用场景，对于不同的应用场景，数据所贡献的经济价值可能会有显著差异。数据的种类和性质非常复杂，如市场价值的不确定性、应用场景的价值多元性、二次开发的价值，以及在特定条件下达到数据叠加效果（"1 + 1 > 2"）的情况。同时，数据资产供求双方的数量，买方间是否存在竞争性，卖方的历史信誉、评价等因素均可能影响供求双方的市场议价能力，从而影响数据资产的价值。

环境因素：不同于大多数传统资产，数据资产的边际复制成本极低，在使用数据资产时不可避免地会面临确权问题与数据隐私性问题。国家相关法律法规与行业规范都对数据资产价值的实现、交易的进行做出了约束。环境因素考察的是司法制度和行业规范等因素是否影响、如何影响数据资产的价值。

综合来看，数据资产评估首先要明确数据资产的概念和边界，识别数据资产的权利和权属特征，了解不同数据资产的特性，从而筛选出对不同数据资产最合适的评估路径。在简略地讨论了数据资产评估的理论指导后，我们接下来讨论数据资产评估的具体方法，以及各种方法的利弊和适用范围。

2.4　数据资产评估方法

尽管数据资产与传统资产相比有其独有的特征，但数据资产的形成和价值实现的路径与传统资产具有共通性。因此，对数据资产价值进行评估的方法是参考对传统资产进行评估的基本方法，并考虑数据资产的特殊因素，对评估模型进行了修正和改进。

数据资产的评估与数据量无关，而与数据的收集环境、存储环境与使用环境有关[1]。关于如何对数据资产进行评估，现有研究大多认为有成本法、收益法和市场法这三种基本方法[2]。中国资产评估协会也于 2019 年发布了《资产评估专家指引第 9 号——数据资产评估》，其中第十二条明确指出"数据资产价值的评估方法包括成本法、收益法和市场法三种

---

[1] John 等，2021。

[2] Ahmad 和 Ven，2018；德勤中国和阿里研究院，2019；李静萍，2020；许宪春等，2022。

基本方法及其衍生方法"。三种数据资产价值评估方法的优缺点及适用情景如表 2.1 所示。

表 2.1　数据资产价值评估方法

方法	优点	缺点	适用情景
成本法	易于操作,易于获取历史数据产生的费用,便于财务处理	成本分摊不易,估算出的数据资产价值往往偏低	1. 没有明显的市场价值或正在产生市场的数据 2. 解决数据丢失产生的法律纠纷 3. 不以交易为目的的三方中立机构
收益法	真实准确地反映数据资产价值;若预期收益预估准确,则数据资产价值较容易预测	收益额和风险较难预测准确,折现率、折现期限较难确定,部分场景下收益较难量化	1. 被评估资产未来预期收益可预测且可用货币计量 2. 数据消费方 3. 企业自身
市场法	反映目前市场情况,较容易被买卖双方接受	对市场环境要求较严格,实施评估时需依托市场上类似的交易进行类比,评估难度较大	1. 较活跃的市场 2. 以交易为目的 3. 存在大量的交易和数据积累

1. 成本法

成本法的含义是数据资产的价值由其产生的成本确定。成本法是大多数传统资产的评估方法,符合会计保守和稳健性原则,理论基础最坚实。对于外购数据,成本可以清晰界定。但对于自有数据,成本法的基本计算方式是加总数据生产活动中的各项成本投入,例如劳动者报酬、中间投入、固定资本消耗、资本净收益和其他生产税净额等项目。在实践中要合理确认产生数据资产的相关成本难度不低,需要企业有详尽的记录,增加了企业会计核算的成本。

此外,有些学者认为数据只有应用于具体场景才能带来价值,且数据资产的非竞争性使得它不会被损耗,反而会随着使用次数与人数的增

加积累价值,因此对成本法进行了改良,提出了调整的成本法估算公式[①]:

数据资产价值 = 数据资产的总成本 × 是否被应用于具体场景("是"则取值"1","否"则取值"0")× 使用者数量 × 使用次数

需要指出的是,这种调整后的成本法的着眼点不是成本,而是未来收益,与下面将要讨论的收益法异曲同工。不过在这种方法中数据资产价值与使用者数量和使用次数呈线性关系,会造成数据资产价值的大幅波动,在某些情况下可能会高估数据资产的价值。

2. 收益法

收益法的计算方式是将数据资产经济寿命期未来各期收益额折现并加总。然而在实际使用中,数据资产具有异质性,使用期限也不明确,并且数据资产本身通常也不直接产生收益,而是与企业其他资产协作产生现金流,导致难以区分相关收益。《资产评估专家指引第9号——数据资产评估》第二十二条也指出:"在估算数据资产带来的预期收益时,需要区分数据资产和其他资产所获得的收益。"

也有学者提出了衡量数据资产的其他方法。Li 等(2019)认为数据能发挥的价值很大程度上依赖于在线平台公司的商业模式,提出用组织资本法,即通过 SG&A 的费用来衡量数据资产。Brian(2014)提出用增量数据带来的模型算法上的改进来度量数据价值。

3. 市 场 法

市场法旨在通过活跃的交易市场形成数据资产的价格。这种方法类似于对公司持有的有价证券的估值。市场法不仅指市场交易价格,还包括支付意愿法和广告收入法[②]。市场法的优点在于当市场中直接存在报价

[①] 许宪春等,2022。

[②] Ahmad 和 Ven,2018;李静萍,2020。

时，数据资产的价值很容易确认，且争议较小。但市场法的缺点也很明显。最直接的缺点就是由于大量数据资产是非标准化的，依赖于使用场景，因此没有活跃的交易价格。此外，市场价格除包含数据本身的价值外还包含了交易成本，因此使用市场价格来评估数据资产会高估数据资产的价值。最后，有些数据资产创造了价值但却是免费提供的，比如同花顺提供部分免费金融市场数据来吸引用户，因此这类数据资产无法用市场价格来评估。

成本法、收益法和市场法三种方法各有利弊，实际操作中需要依照具体情形选用适当方法。成本法适用于对无交易、非标准化的数据进行估值；收益法适用于未来收益容易预测，且可用货币计量的数据资产；市场法适用于以交易为目的并且具备较活跃的市场的数据资产。

除前述三种基本方法外，还有一些更复杂的方法，从公司价值的角度出发或将数据资产视作期权，对数据资产进行估值。比如，高华和姜超凡（2022）按照应用环境将数据资产划分为有交易和无交易两种类型。他们认为无交易的数据资产适合采用 B-S 期权定价模型，有交易的数据资产适用 AHP 法结合超额收益法进行评估。李佳妹（2022）以哔哩哔哩为研究对象，通过构建 DEVA 模型来评估目标企业的公司价值，再利用层次分析法估算数据资产的价值。于艳芳和陈泓亚（2022）采用多期超额收益法，对同花顺的数据资产进行评估。这些方法有各自的优势，但都需要很强的假设，且计算过程较复杂，得到的估值是否优于基础方法也有待商榷，因此我们不展开论述。

最后，我们尝试分析如何对同花顺和哔哩哔哩的数据资产进行评估。同花顺是典型的数据支持商业模式，其主要收入来源是用户订阅的金融市场大数据服务。同时，同花顺的 HithinkGPT 大模型也符合数据增强商业模式。同花顺投入大量的资本和人力资源购买、搜集、清洗、整理和汇总的经济、金融以及资讯大数据明确归属于同花顺,同时能为同花顺带来显著的经济利益,符合数据资产的要求。但是,一方面,同花顺的数据资产的用途非常广泛,使用场景很多,且很难预估数据的使用寿命(比如,历史数据虽然不能用于实时交易,但对研究而言却非常具有价值)和贴现率,因此收益法不适用。另一方面,同花顺的数据资产具有高度的场景依附性和时效性,在数据交易市场上没有可比交易价格,因此市场法不适用。所以,评估同花顺的数据资产应主要使用成本法。对于同花顺外购的数据,购入价格是估值的主要依据;对于同花顺自己搜集、清洗、整理和汇总的数据,其成本包括人工成本、硬件设备折旧等。

哔哩哔哩的情况则有所不同。哔哩哔哩的商业模式是提供平台,依靠用户创作、共享内容(主要是视频)来形成虚拟社区,带来流量,实现价值(比如直播收入、广告收入、在线游戏收入等)。尽管在哔哩哔哩上每天有大量的数据被创造出来,但用户(博主或 UP 主)创作的内容并不属于哔哩哔哩。从商业模式上看,哔哩哔哩是典型的数据增强商业模式。属于哔哩哔哩的数据是用户行为数据,以及哔哩哔哩自己购买的数据(如英雄联盟世界总决赛的转播权)。哔哩哔哩的数据资产也是非标准化的,难以预测未来的经济收益,且没有可比数据的交易价格,因此收益法和市场法都不适用,用成本法评估哔哩哔哩的数据资产更合适。哔哩哔哩外购的数据的成本主要由支付的价格决定;哔哩哔哩自身创造的数据(主要是用户行为数据)的估值由搜集、清洗、整理、汇总这些数据的直接和间接成本决定。

在简要地讨论了数据资产评估的理论和常用方法后,我们接下来讨论数据资产应如何计入财务报表,这包括数据资产入表的意义,以及数据资产入表的基本原则和监管规定等。

第 3 章
数据资产入表

3.1 数据资产入表的意义

数据资产入表指的是数据资源被确认为资产，计入财务报表。其中，最直接的表现是资产负债表上会增加数据资产这个新的资产类别，而数据资产的确认也会对损益表和现金流量表产生影响。在我国，数据资产入表的关键政策是 2023 年 8 月 23 日财政部发布的《企业数据资源相关会计处理暂行规定》（以下简称《暂行规定》），自 2024 年 1 月 1 日起开始实施。《暂行规定》首次明确了数据资产的确认、适用范围、会计处理标准以及披露要求等内容。在《暂行规定》颁布之前，企业只能将生成数据资源的成本费用化，计入当期的损益表。《暂行规定》颁布后，自 2024 年 1 月 1 日起，企业可以按照数据资源有关的经济利益的预期消耗方式，根据不同业务模式，将满足条件的数据资源确认为资产，并进行计量和报告。因此，数据资产入表的实质就是对数据资源的会计处理从费用化转向资本化。

数据资产入表（数据资源资本化）看似只是会计制度的一个小变革，

但放在数字经济和数据要素市场大发展的宏观背景下，它对企业、社会和整个经济体系意义重大。数据资产入表最直接、最重大的意义在于从制度层面肯定了数据资源的长期经济价值。当数据资产不能入表时，企业的数据资源价值并非不存在，但缺乏公允的、明确的会计计量和信息披露，不利于投资者、债权人或其他利益相关者了解企业的真实价值。例如，科技公司，尤其是互联网企业（比如谷歌、亚马逊等）的市净率（股价/账面价值）往往显著高于传统企业。即便考虑到这些公司有更高的利润率和更强的成长性，它们的市净率似乎还是太高，因此某些投资者认为这些公司的股价被高估了。但另一种解释是这些公司的股价并没有被高估，而是账面价值被低估了，主要是因为这些公司都是典型的数据资源丰富的企业，而美国现行会计准则不允许数据资产入表。市场并不会因为会计准则不允许数据资产入表，就认为这些企业的数据资源没有价值，因此经过数据资产调整后的账面价值或许更能反映企业的真实价值。对于上市公司，股价可以间接地反映没有被显化的数据资产价值，但未上市的公司则无法以公允的方式来体现自身的数据资产价值。数据资产入表不但解决了未上市公司体现其数据资产价值的诉求，也提供了数据资产评估、计量和披露的标准做法，有助于投资者更准确地衡量数据资产的价值。

数据资产入表的意义还在于促进数据的流通、共享和交易。当数据资产入表后，企业能够对自身拥有的数据资源的价值有更明确的认知，便于更高效地管理和利用数据资源，同时也有利于促进数据有偿共享，或通过市场交易的方式在不同主体之间流转，减少重复生产类似数据的损耗，提升数据利用的效率。

当数据资产入表后，企业的数据资源价值得到确认，资本市场会更充分地认识到企业的价值，并提升企业的估值。同时，数据资产入表后，企业的数据资源相关产品和服务的信息得以充分披露，可以起到增信甚至是作为抵押物的作用，这会带来金融机构对企业更多的贷款授信。数据资产对企业估值、融资，以及盈利能力的提升，不仅会促使更多企业更好地挖掘数据资源，增强企业自身的竞争力，同时也会带动数据采集、清洗、整理、汇总等相关产业的发展，深化数字技术的应用创新和数字经济的发展。

最后，数据资产入表也是实现数据要素市场化配置的重要一环。数据要素市场化配置意味着数据要素需要有活跃的交易市场，而活跃的交易市场存在的前提是数据要素的价值评估合理公允、信息披露充分及时，这些都是企业财务报表的基本职能。

3.2　数据资产入表的流程

数据资产入表是一件全新的事物，从监管机构到企业都还在探索阶段。尽管有《暂行规定》这样的纲领性政策文件，但由于数据资产的来源、用途、权属的复杂多样性，以及数据资产成本归集和价值评估的难度较大，实践中企业采用的流程差异较大。经过对多家企业的深度调研，我们综合比较了这些企业所使用流程的优缺点，提出以下的数据资产入表流程框架。这个框架的目标在于尽量提炼出数据资产入表的不同场景中的共性，并突出数据资产入表流程中需要严格把控的关键节点。我们认为数据资产入表流程有以下四个步骤：一是梳理数据资源，二是确定数据资源权属，三是建立数据资源管理体系，四是完成数据资产会计计量和信息披露。

3.2.1　梳理数据资源

数据资产入表的第一步是梳理数据资源。尽管企业在日常经营中会购买、产生和使用各种数据，但大多数企业并不是很了解自己掌握的数据资源，更不用说哪些数据资源可以被认定为数据资产，并计入财务报表。梳理数据资源的目标是规范企业对数据资源的识别、分类和确认，明确数据资源的维护、加工和使用的权责，保证数据资源安全可靠，追踪数据资源的增加、调剂、处置信息，让企业对掌握的数据资源的存量和动态有准确的认知。这里需要特别强调的是，数据资源的范围大于数据资产的范围，这是因为并非所有的数据资源都可以被认定为数据资产，也不是所有数据资源研发支出都可以资本化。因此，梳理数据资源的范围应该更广泛，为数据资产的确认、评估以及后续会计计量提供最基础的信息。

企业应该组织各职能部门对掌握的数据资源进行识别、分类和确认，并登记数据资源信息台账或数据资源卡片。暂不具备登记条件的数据资源应先纳入数据资源备查簿。企业应该按照数据资产确认的标准，重点从是否拥有对数据资源的所有权或控制权，以及该数据资源能否带来明确的经济利益两个维度对数据资源进行梳理。对于初次实施数据资产入表的企业，第一次的梳理应该是全面、系统的。对于已经全面、系统地进行了数据资源梳理的企业，应该定期对记录在案的数据资源进行清查，并对数据资源的增加、调剂、处置进行登记。企业应该对数据资源资产进行分级分类管理，并根据企业实际经营状况和外部市场环境变化情况对数据资源资产分级分类信息做出及时更新。

3.2.2　确定数据资源权属

完成数据资源梳理后，企业需要确定数据资源的权属。数据权属问题属于数据产权制度范畴。2022 年 12 月 2 日我国出台了《关于构建数据基础制度更好发挥数据要素作用的意见》(以下简称《数据二十条》),对建立数据产权制度提出了明确要求和解读。

首先,《数据二十条》提出要探索数据产权结构性分置制度,建立公共数据、企业数据、个人数据的分类分级确权授权制度。公共数据是政府各部门及企事业单位在提供公共服务过程中产生的数据;企业数据指企业在生产经营活动中采集加工的不涉及个人信息和公共利益的数据;个人数据则是承载个人信息的数据。企业日常经营中使用的数据并不完全都是企业数据,还存在公共数据和个人数据。

其次,《数据二十条》提出应当根据数据来源和特征,分别界定数据生产、流通、使用过程中各参与方的合法权利,建立数据资源持有权、数据加工使用权和数据产品经营权分置的数据产权制度,这就是著名的"三权分置"制度。"三权分置"旨在解决数据产权的归属问题,明确数据在不同阶段的权利归属,以促进数据的有效利用和保护数据所有者的合法权益。

数据资源持有权是指对数据资源的控制权和使用权,通常与数据来源相关。例如,公共部门、企业和个人分别拥有各自日常活动产生的数据的持有权。但特定情况下,数据处理者也可能拥有数据资源的持有权。例如,企业或政府部门在获得数据来源者同意,或存在其他法定事由的前提下,有权收集、存储他人的个人信息和数据。

数据加工使用权是指对数据进行清洗、加密、标注、分析、统计等一系列处理活动的权利。数据加工使用权的权利主体为数据处理者,旨在保护数据采集、加工等数据处理者的劳动成果,承认和保护依照法律规定或合同约定获得的数据相关权利。数据加工者不一定是数据持有者。比如,企业对公共数据虽然没有持有权,但具有加工使用权。

数据产品经营权主要是指数据产品开发者对其开发的数据产品进行运营、交易、获取收益的权利。拥有数据资源持有权或数据加工使用权，并不能直接获得数据产品经营权。数据持有者或处理者必须参与数据产品的开发，否则就不具有数据产品经营权。因此，数据产品经营权符合"谁投入、谁贡献、谁受益"原则，有利于强化数据价值创造和价值实现的激励导向。

3.2.3　建立数据资源管理体系

数据资源管理体系的目标是通过对数据的有效管理和利用，提升企业运营和决策的效率。数据资源管理体系涉及数据资源生命周期的管理，从数据的采集、存储、处理、分析到应用，确保数据的质量和安全，为数据资产的成本归集、价值评估以及后续会计计量提供底层信息，实现数据资源的价值最大化。

从组织结构的维度看，数据资源管理体系包括设立独立的数据资产管理部门，或在原有的资产管理部门下新增数据资产管理职能，在管理层的领导下，对数据资源资产实施统一监督管理。其主要职责包括制定数据资源资产管理规章制度并组织实施；组织数据资源资产的识别和确认；办理数据资源资产的产权确认手续；登记数据资源资产的信息；组织对数据资源资产的清查、登记、汇总及监督检查；办理数据资源资产的增加、调剂、处置等审批手续；对数据资源资产进行分级分类管理，并根据企业或市场的变化对数据资源资产分级分类信息做出及时更新；保证数据资源资产的质量，把控数据资源资产的质量管理流程等。

数据资源的有效管理需要多个职能部门的协作。除专门的复杂数据资产管理部门外，信息技术部（或研发部）是参与数据资源管理的重要部门，其主要职责包括按相关制度和规定对数据资源资产的研究与开发过程进行管理；为数据资源资产的安全和隐私保护提供支持；保证数据资源的数据质量等。财务管理部也是参与数据资源管理的重要部门，其主要职责包括按相关制度规定对数据资源资产各环节进行及时、准确的初始计量和后续核算；协同各部门对数据资源资产进行实地盘点和台账核对，并在实地盘点完结之后形成对数据资源资产的盈亏报告；配合公司内部审计部门或外部审计机构完成对数据资源资产的审计工作；配合外部评估机构完成对数据资源资产的评估工作等。数据资源特别丰富的企业应当考虑单独设立数据资源管理部，负责数据资源资产的日常管理。

从数据资源管理的具体内容看，数据资源管理体系的内容包括数据治理、数据质量控制、数据维护、数据运营、数据资源变更、数据成本归集等多个维度。数据治理指数据资源识别、确认、分类、描述和标记的标准和流程。数据质量控制指保证数据的一致性、准确性、可靠性、及时性、全面性、相关性等特征，防止、减少出现数据错误。数据维护指特定部门对数据定期检查、更新和补充等行为，以维持数据资源的有效性。数据运营指数据资源在不同场景中的应用，建立数据共享机制和平台，为企业产生直接或间接的经济利益。数据资源变更指记录数据资源的转让或出售情况。数据成本归集指清楚地记录和分配数据资源获得过程中发生的成本支出，如严格区分研究阶段和开发阶段的支出。

数据资源管理中需要特别重视数据安全和隐私保护。数据安全指建立严格的数据权限管理机制，确保只有授权人员才能访问和操作特定的数据资源的措施。数据隐私保护指对数据进行脱敏处理，保证数据持有人的隐私不会受到侵犯。数据安全和隐私保护的措施应当贯穿数据从采集、运输、存储、处理、共享到最终处置的每一个阶段，需采用访问控制、数据接口管控、数据加密、数据脱敏等各种手段。同时，企业需要定期进行安全培训，培训范围覆盖全体员工，特别是管理层和高风险岗位的人员，需要提高他们的安全意识和技能。企业的合规部门和内部审计也需要紧密跟踪最新的数据保护法律和行业规范，确保数据处理活动符合要求，并定期进行内部审计和邀请第三方进行独立审计，确保数据安全。此外，企业还需要制订详细的应急响应计划，对数据泄露、系统瘫痪等场景做好应对流程，并建立反馈循环，收集安全事件和审计结果，定期回顾数据安全策略和流程的有效性，不断优化和完善数据安全管理体系。

数据安全和隐私被破坏带来的后果是非常严重的，不仅会造成巨大经济损失，而且会严重影响企业的信誉。2018 年媒体报道英国的剑桥分析公司非法窃取了 5 000 万脸书（Facebook）用户的数据信息，并将这些数据应用于操纵英国 2016 年脱欧公投和美国 2016 年总统选举。这次数据泄密的起因是 2014 年英国剑桥大学心理学教授亚历山大·科根推出了一款叫作"这是你的数字化生活"的手机应用，向脸书用户提供个性分析测试。共有 2.7 万名脸书用户下载了这一应用。科根通过这些脸书用户，获取了和他们在脸书上互动的其他约 5 000 万脸书用户的信息。因为这起数据泄露事件，脸书受到欧盟和美国相关机构的长期调查，并被提起集体诉讼及提出天量赔偿要求，股价也受到很大影响。2021 年这起史上最大的隐私诉讼之一由脸书和 160 万名脸书用户达成和解而告终，脸书向这 160 万名用户支付了 6.5 亿美元的赔偿。

3.2.4　完成数据资产会计计量和信息披露

在梳理完数据资源、确定了数据权属、建立了日常数据资源管理体系后，企业就进入数据资产入表流程的最后一步：数据资产的会计计量。数据资产的会计计量包括数据资产的确认、数据资产的初步和后续会计计量，以及数据资产的信息列示和披露。

　　企业拥有的数据资源来源多样、形态多元、用途多种、场景多维，不可能穷举每一种数据资产入表的具体做法，需要针对不同情况进行不同的会计处理，但所有相关会计处理都必须符合基本的指导原则。数据资产会计计量的指导原则依旧应遵循国际财务会计准则中对资产入表的基本原则，只是根据数据资产这一新型信息资产的特征做了适当的调整。我国的数据资产入表的相关会计计量的指导原则主要来自《暂行规定》。《暂行规定》对数据资产入表给出了两项指导原则，第一项是数据资源会计处理适用的准则，第二项是数据资产列示和披露的要求。

　　数据资源会计处理适用的准则明确提出数据资源入表需要根据其持有目的、形成方式、业务模式，以及与数据资源相关的经济利益的预期消耗方式来对数据资源进行会计确认、计量和报告。具体来说，《暂行规定》认为数据资源可以记为两类资产：无形资产或存货。

1. 无形资产

　　《暂行规定》认为，企业使用的数据资源包括企业自用和对外提供服务的数据资源，如果符合无形资产的定义和确认条件，应当记作无形资产。无形资产指企业控制或拥有的没有实物形态的可辨认非货币资产，比如专利权、非专利技术、商标权、著作权等。数据资产要符合无形资产的确认标准，必须是企业拥有或控制的数据资源，用于自身经营目的，且能产生明确的经济利益。

　　企业获取此类数据资产有两种方式：外购或内部研发。如果该数据资源由企业外购获得，则其成本（无形资产的价值）应包含购买的价款、相关税费，以及为使数据资源实现其用途而产生的数据脱敏、清洗、标注、整合、分析、可视化等加工成本。如果该数据资源由企业内部研发，情况会复杂一些。企业需要区分研究阶段支出和开发阶段支出。依照无形资产确认准则,《暂行规定》认为研究支出能否形成有用的数据资源具有高度不确定性,因此研究阶段的支出应全部费用化,不计入数据资产。在开发阶段,企业已经完成了研究阶段的工作,对形成有用的数据资源比较确定。因此开发阶段发生的支出,符合无形资产确认条件的,可以记作无形资产。《暂行规定》并没有给出区分研究阶段和开发阶段的具体标准,实践中需要企业根据实际情况自行判定。

数据无形资产的后续会计计量涉及该资产的摊销或减值。对于可以确定使用寿命的数据无形资产,企业需估算数据资产的使用寿命,以确定每年的摊销金额。估算时应重点关注数据资源相关业务模式、权利限制、更新频率、有关产品或技术迭代等因素。如果是使用寿命不确定的数据无形资产,则需要做减值测算。

2. 存货

《暂行规定》认为,企业日常活动中持有的、最终目的是用于出售的数据资源,如果符合存货确认的定义和条件,应当确认为存货。存货指企业在日常活动中持有以备出售的产成品、商品、半成品以及原材料。企业通过外购方式取得确认为存货的数据资源,其采购成本包括购买价款、相关税费、保险费,以及数据权属鉴证、质量评估、登记结算、安全管理等,所发生的其他可归属于存货采购成本的费用。企业通过数据加工取得确认为存货的数据资源,其成本包括采购成本,数据采集、脱敏、清洗、标注、整合、分析、可视化等加工成本和使存货达到目前场所及状态所发生的其他支出。

当企业出售确认为存货的数据资产时,应当按照存货会计准则,将存货成本结转为当期损益,同时确认相关收入。

除上述情形外,企业利用数据资源对客户提供服务的,应当按照收入准则等规定确认相关收入，符合有关条件的应当确认合同履约成本。

　　数据资产列示和披露的要求规范了数据资产入表的报告方式。首先是对资产负债表中列示数据资产的规范。对于确认为存货的数据资产，列示在"存货"项目下增设的"其中：数据资源"项目。对于确认为无形资产的数据资产，如果已经形成无形资产，则列示在"无形资产"项目下增设的"其中：数据资源"项目。如果尚处于开发阶段，则列示在"开发支出"项目下增设的"其中：数据资源"项目。

　　除在资产负债表中列示数据资产外，企业还需要在会计报表的附注中对数据资源相关会计信息进行披露。对确认为无形资产的数据资源，披露内容包括：数据无形资产的来源（外购、自行开发）及相关细分数据、数据无形资产使用寿命的估算依据及摊销方法（如果数据无形资产的使用寿命不确定，则应披露使用寿命不确定的判断依据）、数据无形资产摊销方法改变（如有）及其影响、重要的单项数据无形资产的具体内容和价值、所有权或使用权受限以及用于担保的数据无形资产的情况、计入当期损益的研究支出和确认为数据无形资产的开发支出、数据无形资产减值信息，以及划分为持有待售类别数据无形资产的情况。对确认为存货的数据资源，披露的内容包括：数据存货的来源（外购、自行开发）及相关细分数据、确认数据存货成本的会计方法、数据存货可变性净值的确定依据及跌价准备的方法和相关信息、重要的单项数据存货的具体内容和价值，以及所有权或使用权受限且用于担保的数据存货的情况。

　　除上述信息披露以外，《暂行规定》鼓励企业根据实际情况自愿对数据资源进行尽可能详尽的信息披露，即使相关数据资源没有正式入表（没有被确认为数据无形资产或数据存货）。这些额外的披露内容主要涵盖数据资源的应用场景和业务模式、对企业创造价值的影响方式，以及其他影响企业拥有数据资源的重大事项（如数据资源转让、失效等）。总之，数据资源信息披露的原则是尽可能的全面、完整，力求为财务报表的使用者提供及时、可靠和能有效辅助决策的信息。

在本书的前三章里，我们简单回顾了大数据的历史，总结了数据资产的特性，介绍了数据资产评估的基础理论和方法，并说明了数据资产入表的意义和基本流程。接下来，我们将通过不同行业的多个实际案例来深入观察数据资产评估和入表的实践。这些案例充分说明了数据资产评估和入表的复杂性和高难度，但挑战也意味着机遇。

第 4 章
金融科技业：数库科技①

4.1 案例背景

本章的案例来自金融科技业（FinTech），我们选择的企业是数库（上海）科技有限公司（以下简称"数库科技"，英文名是 ChinaScope）。数库科技成立于 2009 年，是一家引领产融数字化的数据科技公司，长期致力于在金融及产业领域提供基于产业逻辑的数字产品、解决方案和系统服务，为金融机构、产业园区、企业集团及政府部门解决业务场景中的数据和系统需求。数库科技不仅是最典型的数据驱动型企业，而且是首批在上海数据交易所挂牌的企业。选取数库科技为案例的主要原因有两点。第一，数库科技的数据产品种类丰富，对该企业进行案例研究能够为明确数据资源开发利用和价值形成机制提供丰富的研究素材。第二，近年来金融业数据要素采购的规模呈指数增长。2016—2021 年，金融业数据要素采购项目数量复合年均增长率达 40%，远超金融业采购总项目

① 部分内容来自黄蓉，陶长风，韩若琦，《金融服务型数据平台企业数据资产会计处理——基于数库科技的案例分析》，经作者加工整理。

数量复合年均增长率 26%。数库科技作为金融数据服务商，其案例非常有代表性。通过对数库科技的业务模式、数据资产的确认、数据资产的成本和收入的会计计量等各方面的深入分析，我们希望能更具体地回答数据资产入表过程中科目归属、成本计量、收入确认和披露要求等重要问题，明确数据资产从开发利用到价值实现的路径。

4.2　数库科技的数据产品和服务

自创立以来，数库科技始终聚焦在利用自然语言处理（Natural Language Processing，NLP）模型技术对信息、资讯进行智能解构，提取有效信息，形成可分析的结构化数据。在此基础上，经过多年的积累和沉淀，数库科技形成了独有的产业链和图谱数据体系，并在底层建立由机器学习技术驱动的自动化数据生产系统。

数库科技的企业愿景是"打造基于产业逻辑的全量数据引擎"，公司的两项核心能力是"结构化数据量产"和"精准实时资讯解析"，最终形成自我进化的金融专业词库。"结构化数据量产"指通过机器学习技术将数据提取、清洗、标准化等流程无缝连接，形成高度自动化的非结构化数据处理能力，最终自动化量产结构化数据。"精准实时资讯解析"主要依赖自然语言处理模型，将资讯中包含的主体、事件及情绪等要素进行精准提取，并经过多维度的解析和贴标，最终将解析后的信息推送给信息使用方。数库科技自动化量产的结构化数据，结合数库科技的实时资讯解析，叠加客户自身掌握的数据，就可以形成一个全产业链数据体系，对企业和产业进行深度画像和分析。

数库科技利用自然语言处理技术对各类公开信息进行智能提取，形成了较为成熟的数据产品体系，包括智能数据产品、业务场景解决方案及定制化服务。2021 年 11 月，数库科技正式挂牌上海数据交易所，作为首批签约的数商，开创性地完成了首单基于数据资产凭证的融资，实现了首笔数据交易。

数库科技通过数据产品差异化、场景化、品牌化，打造并积累自身数据价值层级。数库科技在提升数据价值上的核心定位是要尽量构建差异化的数据产品，相较于市场同类企业树立明显特色，形成公司的核心竞争力。

在核心数据产品的基础上，数库科技从数据本身和数据的应用场景两方面对外延伸。在早期为券商资管等客户提供企业基本面数据的过程中，数库科技发现底层的产业数据相互关联，并借助产业链数据体系将大量的非上市公司数据关联起来，实现了自身数据对更广泛经济领域的覆盖。此外，在数据产品开发过程中，数库科技关注到银行、政府等客户的数字化转型需求，将数据产品的应用场景拓展到银行对公业务、数字政府等领域，从而在拓宽数据来源的基础上通过匹配新的应用场景实现了数据资产增值。由此可见，数据产品场景化也是数据资产增值活动的重要内涵之一。

数据产品品牌化主要是通过品牌化的宣传包装，建立客户对企业数据产品的认知，提高企业特色数据产品的辨识度，构建数据产品的核心能力，有助于形成数据产品的品牌效应和实现数据资产的价值提升。数库科技在上海数据交易所挂牌数据产品时，采用系列产品的呈现形式，将以前独立的科创评价模型、企业评价模型和产业评价模型统一在"AI Matrix 智模"的产品系列中，构建起有辨识度的数据品牌。而对于产业数据，数库科技一直在打造"SAM 产业链"的数据品牌，不断加深市场对其数据产品的品牌认知，这一行为有助于提升企业核心竞争力、积累数据价值层级。

作为一家典型的以公开数据作为基础、通过机器学习技术为客户提供数据相关产品和服务的金融科技服务企业，数库科技形成了一系列与数据、算法及模型相关的数据资产及相应数据产品。数库科技服务的客户包括银行、政府、媒体、企业等群体，服务场景覆盖银行获客、智能风控、精准营销、政府产业监控、产业政策及评估、舆情管理、智慧招商、大型企业供应链风控及管理等多种数字化场景。通过探索数库科技数据资产的价值实现路径与会计处理方法，可以为金融服务企业数据资产价值评估与入表提供借鉴。

4.3　数库科技持有的数据资产的构成

目前，数库科技按照价值实现方式将数据资产分为自用数据和对外交易数据。合理界定数据资产的来源有利于数据资产成本的计量及所属科目的认定。数库科技的主要数据来源包括公共资讯、工商数据导入、财务报告、评级报告、IPO（Initial Public Offering，首次公开募股）报告等。为进一步匹配数据资产入表需求，数库科技的数据资产可依据企业内部业务模式进一步分为自主研发、采集抓取和外部采购三类来源。

4.3.1　自主研发类数据

自主研发类数据产权归数库科技所有，是数库科技在可获取数据的基础上，根据数据分析团队的技术和经验自主研发的数据。这类数据主要是根据客户具体需求，为客户量身定制的数据和系统解决方案，也即服务于定制化交易。虽然不同数据的底层算法是通用的，但数据的普适性较低，数据与数据之间相对独立，因此自主研发类数据资产的成本与收入能够较准确地匹配。例如，数库科技为商业银行的公司业务条线打造对公数字化营销系统，支持公司业务条线从产业链、供应链、园区等获客，通过关系链、商机情报等各种维度，找到有资金需求、可高转化、风险可控的潜在企业信贷客户，形成营销线索和潜在的联络方向，构建行业客户数字化洞察体系，有助于行业内数字化营销获客体系的系统建设。

4.3.2　采集抓取类数据

采集抓取类数据是对原始信息的二次加工和凝练，加工后的数据归数库科技所有。与自主研发类数据不同，这类数据具有更强的普遍适用性，面向主体更为多元，可以帮助数库科技增强客户黏性，起到引流作用，也即服务于标准化产品。例如，数库科技 SAM 产业链实现了对 A 股、港股、美股、新三板、发债企业等 25 000 余家头部公司全部披露产品的标准化，也将全国近 5 000 万家工商企业与产业图谱打通，实现了全领域的企业覆盖。

4.3.3　外部采购类数据

外部采购类数据由数库科技向第三方数据提供方采购，可用于自主开发、采集抓取等二次数据加工。如果获得第三方数据商的授权，数库科技也可以直接对外销售所采购的数据。相较于数库科技自主研发、采集的数据，外部采购类数据处理和整合过程相对简单，且能够较为清晰地确认成本。

4.4　数库科技的数据交易模式

数库科技作为平台化数据服务中间商，主营业务为向企业、金融机构及政府部门提供智能数据产品、解决方案、决策模型以及系统服务,应用场景覆盖对公营销、智能风控、产业规划、招商引资等多种场景。按照交易模式,这些数据资源可以分为标准化推送产品、定制化交易服务和代采买数据资源。根据数据资产会计准则,数据资源要能被确认为数据资产需要满足"企业拥有或控制"以及"预期会给企业带来经济利益"两项基本原则。通过分析数库科技的数据交易模式,我们可以初步判断哪些数据资源(包括产品和服务)符合数据资产会计准则,可以被确认为数据资产。

4.4.1   标准化推送产品

标准化推送产品指数库科技多年经营积累的数据、算法、模型、系统等底层技术引擎,现阶段主要包括 SAM 产业链、供应链、SmarTag 新闻分析数据、企业图谱、发债企业运营数据、企业财务数据六大产品系列,具体介绍如表 4.1 所示。用户通过推送方式接收数据产品,可以按需购买,选择日频/周频/月频推送服务,接收国内财经实时动态。如数库科技提供的 SmarTag 新闻分析服务通过自然语言处理引擎在公告、新闻等实时资讯中自动化分类、实时抓取关键词标签、提取文本情绪并形成推送。在该业务模式下,数库科技加工形成的底层数据库能持续带来经济利益,适用于数据资产会计准则;而持续性推送服务是合同履约义务中不可分割的一项,同样适用于数据资产会计准则。

表 4.1   数库科技标准化推送产品

产品系列	产品介绍
SAM 产业链	以精准的产品分项数据辅助行业分析; 标准化的产品分项,支持跨公司、跨市场分析; 基于产品分项,搭建全产业链知识体系

续表

产品系列	产品介绍
供应链	供应链从 20 000 家核心企业（上市、新三板、发债），拓展出 100 余万个交易对手，最早可追溯 5 年历史交易
SmarTag 新闻分析数据	自动识别新闻中提及的公司、产品、行业、事件、投资主题、人物、地区等； 对整体文章以及特定主体的情感做自动分析
企业图谱	拥有超过 200 000 家上市公司关系图谱，包括产业链、股东、高管、子公司、关联交易、供应商等核心关系；若结合非上市公司，目前图谱关系已达千万级别；若结合文档，图谱关系已达 2.4 亿； 还拥有超过 4 000 万家企业的高标准、结构化、可串联的工商数据
发债企业运营数据	公司的行业属性运营指标数据，目前覆盖房地产、城投、钢铁、煤炭、银行
企业财务数据	覆盖全量 A 股、发债企业、港股及新三板企业的财务报表及财务附注数据

4.4.2　定制化交易服务

定制化交易服务于有定制化需求的数据资源终端使用客户。因为数据资源的价值产生依赖于应用场景[①]，所以数库科技会按照客户所需数据的行业、区域等个性化需求，提供包括数据治理、整合服务，以及定制化系统开发服务在内的定制化交易服务。数据治理及整合服务包括制定数据标准，协助客户整理、清洗及标准化各类数据，并引入数库产业链及供应链等数据要素，实现数据孤岛的全面整合。比如，数库科技 SAM 产业链服务在全球行业分类标准（Global Industry Classification Standard，GICS）的基础上，结合中国行业实际情况，将 4 层行业分布直接扩充至

[①] OECD，2013；许宪春，2022。

最多 12 层,覆盖供应链细分业务以及多维行业节点。在实际业务处理中,客户会要求数库科技提供清洗、对齐、标准化等数据治理服务,并与数库科技特定行业、地区的产业链数据进行融合后交付。定制化数据系统开发服务包括定制化数据建模及开发服务,由数库的产品开发团队提供。由于数库科技在定制化交易服务中交付的产品经营权明确,具有收益性,因此同样适用于数据资产会计准则。

表 4.2 展示了数库科技 2020 年到 2022 年标准化推送产品和定制化交易服务各自在合同金额中的占比。

表 4.2　数库科技 2020 年到 2022 年合同金额占比

合同金额占比	2022 年	2021 年	2020 年
标准化推送产品	54.4%	79.3%	72.2%
定制化交易服务	45.6%	20.7%	27.8%
合计	100%	100%	100%

4.4.3　代采买数据资源服务

除了企业内部研发生产及再加工的数据资源,数库科技也会按照客户指定需求向上海凭安征信、深圳证券信息、行业数据库供应商、IT 桔子等外源数据库代采买数据资源。按照前述数据资源定义,这类通过外购方式获得的数据资源是否确认为数据资产,取决于企业是否获得了数据加工使用权与数据产品经营权,而与业务形式无关。如果数库科技在交易中获得了数据加工使用权与数据产品经营权,即满足资产确认条件,否则不满足资产入账条件。例如,数库科技受客户委托,代为采买某地新能源充电桩数据,包括分布情况、接入 App、充电桩类型、快充桩数量等。如果客户未授权数库对数据加工使用或经营，则无法确认为资产，应按照"受托代购"业务进行会计处理。

4.5　数据资产的会计科目分类

企业按照企业会计准则相关规定可以将数据资源确认为无形资产或存货。数据资源划分为无形资产或存货的最重要的考量因素是数据资源的使用方式。企业自用的数据资源应该划分为无形资产，而主要用于出售的数据资源应当划分为存货。除此之外，尚不满足资产确认条件的数据资源研究支出应当进行费用化处理。接下来我们将具体分析数库科技各数据资源的会计科目分类应当如何确认。这项工作有两个步骤：首先，我们需要对数据资源的成本做费用化和资本化的区分；其次，我们需要对资本化后的数据资源做无形资产与存货的区分。

4.5.1　费用化与资本化的区分

费用化指成本支出计入当期损益，不形成资产。资本化则是指成本支出不计入当期损益，形成资产，计入资产负债表①。费用化和资本化的区分主要发生在企业自行研发数据资源，生成无形资产时，而其中的关键是研究阶段与开发阶段的区分。研究阶段和开发阶段的主要区别在于，研究阶段是探索性的，目的是为后续的数据开发工作提供准备和规划，通常涉及许多风险因素，如研发投入是否能够转化为确定的数据产品，数据产品是否存在交易市场等；而开发阶段则是确定性较高的数据产品

---

① 严格来讲，资本化后的成本支出需要摊销，因此也会部分计入当期损益。

生产过程，目的是实现研究阶段确定的方案和目标，按照既定的生产计划和流程进行工作。按照现行会计准则，研究阶段的成本支出必须费用化，而开发阶段的成本支出，在满足无形资产确认条件时，可以资本化，形成无形资产。

具体到数库科技的情况，我们需要从技术可行性、出售意图、市场可用性、开发能力等多方面，区分数库科技数据资源投入的研究阶段和开发阶段。数库科技的研发主要是根据客户的需求进行新业务的探索，如数据引擎开发服务、定制化数据库开发服务。数库科技应当将前期分析理解客户需求、探索客户需求可行性与难度、进行初步的技术尝试看作是研究阶段，这一阶段发生的支出应当费用化。当数库科技确定该项业务具有技术上和经济上的可行性，并制定了该项新业务的数据生产方法时，则可认为进入了开发阶段。在开发阶段，数库科技开始进行规律性、稳定性的数据抓取和规则识别的数据生产，此阶段发生的成本支出可以资本化。

数库科技对现有底层数据库的更新、版本迭代、数据调整、数据脱敏所发生的支出，属于维护现有数据业务的正常运营支出。由于其在技术上完全具有可行性，因此该支出是确定性极高的研发支出。此外，此类研发支出扩充了底层数据库，维持了数据活性，满足"能够生产出具有实质性改进的产品"的要求，应当被资本化，成为新增无形资产。

4.5.2　无形资产与存货的区分

参照《暂行规定》，数库科技应当将"以使用为目的持有"的数据资产分类为无形资产，将"以出售为目的持有"的数据资产分类为存货。数库科技的无形资产主要为购入的数据处理软硬件、构建数据库时形成积累的算法和匹配规则，以及成系列的专项数据库，如全量底盘 SAM 产业链、供应链关系数据库、SmarTag 新闻分析数据、企业图谱、发债企业运营数据、企业财务数据库等，前述标准化推送产品的底层数据库就属于这个范畴。数库科技依托于这些底层数据库提供企业图谱、SAM 产业链、SmarTag 智能资讯及系统部署等数据服务，数据产品不交付代码，可以反复销售给不同客户。与传统生产关系相比，这些底层数据库不仅是数库科技过去工作的劳动对象，也是数库科技未来不断提供其他服务的新型生产资料，算法选型与规则构建则是新型生产工具。

数库科技的存货主要包括按客户需求从底层数据库的定向抽取、整合与推送成本与定制化交易服务开发成本。除了持有目的上的差别，存货的定制化交易服务需要交付代码，无法复制销售给第三方。前述数库科技标准化推送产品中的实时资讯产品就是典型的存货的例子。数库科技实时资讯推送产品在结束前期 6～10 个月的研发周期后，产品进入运维阶段。运维阶段的人员投入和成本会显著下降，人员投入约降为研发阶段的十分之一。运维阶段的定向抽取和推送成本同样是为单次销售发生的成本，也应确认为存货。

表 4.3 按数库科技的业务模式，详细展示了数库科技数据资源的费用化与资本化处理，以及资本化后无形资产与存货的区分。

表 4.3　数库科技数据资源的费用化与资本化处理及资本化后的无形资产与存货

业务模式	费用化	资本化	
		无形资产	存货
标准化推送产品	营销支出 客户经理运维支出	数据采购； 算力/云服务成本； 规则建立与模型选定； 数据抓取与机器质检； 人工标注与人工验证； 数据调整与数据脱敏	数据抽取支出； 数据整合与推送支出

续表

业务模式	费用化	资本化	
		无形资产	存货
定制化交易服务	前期调研支出；专家咨询与人员培训	无	数据采购；规则建立与模型选定；数据调整、清洗与脱敏；数据质量稽核

4.6　数据资产的成本计量

数库科技的核心资产以数据形式存在，主要的成本支出也是研发支出。在《暂行规定》发布之前，数据资源不能确认为数据资产，占数库科技超 70%支出的研发支出只能费用化。这种会计处理会给数库科技及其他同类型数商企业带来三个问题。第一个问题是，作为技术密集型企业，研发人员的工资可以类比传统料工费投入，全部结转至费用而非成本类科目，这会导致毛利率接近 100%，扭曲了企业的实际运营情况。第二个问题是，全部费用化处理与财务会计的匹配原则不符，成本和收入没有按照业务的发生与完成进行结转。第三个问题是，按月结转研发人员的工资进入费用，使得费用发生有很高的黏性。研发费用几乎只取决于时间流逝，而非业务量的大小，财务会计不能从报表编撰的角度准确核算单笔业务或各项目的盈利能力，对企业战略制定、未来发展方向规划以及财务预算工作不利。

《暂行规定》公布后，数库科技可以资本化符合条件的研发支出及其他成本，形成无形资产和存货。接下来我们将分别讨论数据无形资产和存货的会计计量问题。

4.6.1　无形资产的会计计量

无形资产的会计计量分为初始计量和后续计量。在初始计量中，企业要确定无形资产的初始价值，使用的方法为成本法、收益法或市场法。在后续计量中，企业需要判定无形资产有没有可确认的使用寿命。对于有可确认使用寿命的无形资产，企业要进行摊销处理；对于无法确认使用寿命的无形资产，则无须进行摊销处理。如果有迹象表明无形资产的价值大幅下降，则需要进行无形资产减值处理。如果企业最终出售或报废该项数据无形资产，则还需计算资产处置产生的损益。

1. 初始计量

数库科技是数据平台服务商企业，所持有的数据资产绝大部分为自行开发的数据资源无形资产。按照《企业会计准则第 6 号——无形资产》规定，企业自行开发的无形资产应当按照成本法进行初始计量。采用成本法的主要原因是收益法中的收益确认有较高的不确定性，而市场法所需要的数据资产的市场交易价格大多数时候都不存在。数库科技应当在无形资产下设二级科目"无形资产——数据资源"进行核算。

具体来说，数库科技的无形资产初始计量包括外购数据原料、云存储与服务器集群成本、人工开发成本等，其中人力开发成本占比超过七成，涉及业务岗位人员如数据规划、数据生产、数据稽核、数据应用、数据产品、售前咨询等，涉及技术岗位人员如数据开发、前端与后端开发、算法工程师、测试人员、运维人员等。在发生相关支出时，数库科技使用内部工时系统，记录研发人员在各项工作中投入的工时，进而可归集各项工作的人力成本。相应的会计分录为借记"无形资产——数据资源"，贷记各类支出，如"现金"和"应付职工薪酬"等。

数库科技在创造数据无形资产时往往需要向云服务供应商支付资金，以换取云服务器的访问权、存储企业数据的权限和云计算能力。《暂行规定》实施前，数库科技无权限制其他方获取来自该云服务器的经济利益，也无权拥有云服务器的独家使用权或知识产权。数库科技与云服务器供应商签订的合同为服务合同，不符合"拥有或控制"云服务器的定义，云服务器租赁支出只能费用化。《暂行规定》实施后，数库科技购买云服务器成本可以计入无形资产。这种会计处理基于以下两个原因：一是，云服务器是数据库赖以存在的载体，数库科技无法脱离云服务器使用数据库，二者之间无法明确区分；二是，云服务器是数据库达到预定可使用状态前所发生的必要支出。

下面我们以数库科技的一项无形资产（标准化推送产品）为例，来说明数据无形资产的初始计量。假设数库科技 2022 年的可资本化研发支出为 667 万元，根据其 2023 年的经营计划，预计研发投入较 2022 年增长 50%，因此我们预估数库科技 2023 年可资本化的研发支出预计金额为 1 000 万元。假设 2023 年为数库科技进行研发支出资本化的第一年，无形资产按成本进行初始计量，则预计无形资产的初始计量金额为 1 000 万元。表 4.4 展示了该无形资产的成本分拆。

表 4.4　数库科技 2023 年标准化推送产品成本预估金额

标准化推送产品对应资本化项目	2023 年预估金额（万元）
数据采购	110
算力/云服务成本	130
人力成本	760
合计	1 000

2. 后续计量

后续计量涉及无形资产的摊销、减值和处置。数据资产具有价值的时变性，在不同场景下呈现多样化价值生命周期，合理估计数据资产的生命周期是数据资产后续计量的可靠基础。数库科技在确认数据资产时，需要按照其经济利益的实现方式、市场价值、数据活性和客户黏性分析并判断其使用寿命。如果数据资产的使用寿命有限，应当估计使用寿命的年限；如果无法预见数据资产为企业带来的经济利益期限，则应当视为使用寿命不确定的数据资产。

使用寿命有限的数据资产，需要在其使用寿命内按经济利益预期实现方式进行摊销。摊销和折旧的经济意义相近，表明资产的价值随时间的流逝而下降。数库科技至少应于每年年度终了时，对使用寿命有限的数据资产的使用寿命及摊销方法进行复核，必要时还应进行调整。对使用寿命不确定的数据资产，数库科技应当在每个会计期间对此类数据资产的使用寿命进行复核。如果有证据表明数据资产的使用寿命是有限的，应当估计其使用寿命，并进行摊销。

数据资产的经济利益流入十分依赖市场供求关系，属于预期实现方式无法可靠确定的无形资产，应当采用直线法摊销。数库科技提供的企业图谱、SAM 产业链、SmarTag 智能资讯等数据服务主要面向金融企业，该类数据资产主要用于预测股票市场变动，历史数据的预测能力远小于即期数据。根据经验积累，数库科技提供产品的价值活跃期在 3～5 年，应当在此期间按直线法摊销无形资产。经过 3～5 年的价值释放后，数据资产会摊销至预计净残值，摊销完毕的数据资产不存在活跃市场与潜在客户。在企业实务中，数库科技会将五年前的历史数据赠送给客户，因此预计净残值为零。

假设 2023 年为数库科技进行研发支出资本化的第一年，资本化金额为 1 000 万元，后续至 2027 年，每年资本化金额增加 500 万元，2028 年资本化金额为 3 000 万元，与 2027 年一致。假设无形资产预计净残值为 0，使用年限为 5 年，资本化金额在全年均匀发生，则预计未来摊销金额如表 4.5 所示。

表 4.5　数库科技无形资产预计摊销

年份	预计新增资本化金额（万元）	使用年限（年）	2023 年（万元）	2024 年（万元）	2025 年（万元）	2026 年（万元）	2027 年（万元）	2028 年（万元）
2023 年	1 000	5	100	200	200	200	200	100
2024 年	1 500	5		150	300	300	300	300
2025 年	2 000	5			200	400	400	400
2026 年	2 500	5				250	500	500
2027 年	3 000	5					300	600
2028 年	3 000	5						300
摊销合计			100	350	700	1 150	1 700	2 200

除摊销外，数库科技还应对出现减值迹象的数据产品计提减值准备。减值迹象包括数据资产当期市价大幅度下跌、环境发生重大不利变化和会计准则规定的其他情况。由于新增的资本化金额仍归属于原资产组，因此应当将每年增加后的无形资产作为一个整体进行减值测算。减值测算可使用市场法或收益法。由于当前数据要素市场尚未完善，数据产品公允价值难以确定，因此市场法难以实施。在收益法下，当减值迹象出现时，数库科技应当估计可收回金额，将可收回金额与账面净值之间的差值计提减值，其会计分录为借记"资产减值损失"，贷记"无形资产减值准备——数据资源"。

按照前述假设，可计算出 2028 年数库科技无形资产账面净值为 6 800 万元。表 4.6 演示了数库科技未来 5 年无形资产账面净值预估。

假设 2028 年年末按照收益法估算数据无形资产的价值为 6 000 万元，则需计提 800 万元的无形资产减值准备。

表 4.6　数库科技未来 5 年无形资产账面净值预估　单位：万元

年份	2023 年	2024 年	2025 年	2026 年	2027 年	2028 年
期初无形资产	0	900	2 050	3 350	4 700	6 000
本期新增	1 000	1 500	2 000	2 500	3 000	3 000
本期摊销	100	350	700	1 150	1 700	2 200
账面净值	900	2 050	3 350	4 700	6 000	6 800

最后，企业可以出售无形资产，或者确认无形资产预期不能为企业带来经济利益，予以报废。在这两种情况下，都需要核销无形资产的账面价值。例如，当数库科技出售数据加工使用权与数据产品经营权时，应当对数据资产进行终止确认，将取得的价款与该数据资产账面价值的差额计入当期"资产处置损益"科目。

4.6.2　存货的会计计量

存货的会计计量也分为初始计量和后续计量。在初始计量中，企业要确定存货的成本。在后续计量中，企业要在存货售出后转销，并在存货跌价时计提存货跌价准备。

数库科技的数据存货资产包括在签订定制化合同后，为完成该定制化交易订单，发生的数据资源的采集抓取、自主加工等生产成本。按照《企业会计准则第 1 号——存货》规定，存货应当按照成本进行初始计量。数库科技的数据存货成本应包括采购成本、加工成本与其他成本。其中，采购成本包括数据生产所必需的、向第三方采购的数据物料及软硬件采购；加工成本主要为技术岗位人员的研发工资支出，机房、场地建设或租赁办公费用；其他成本为其他使存货达到目前场所和状态所发生的必要支出。图 4.1 显示了数库科技的存货生产流程。

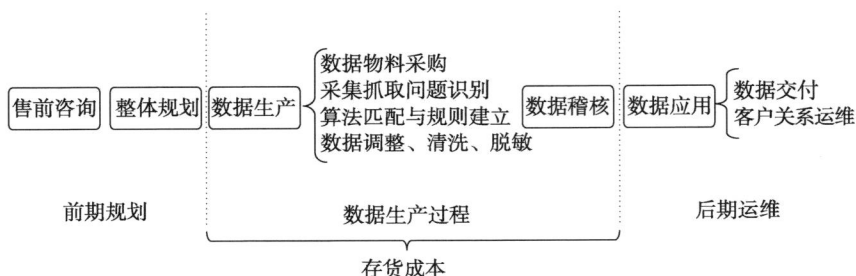

图 4.1　数库科技的存货生产流程

　　当数据存货资产被售出后，需确认数据存货出售的收入，同时核销已出售数据存货的成本（减少数据库存资产）。同时，在资产负债表日，数库科技应依据成本与可变现净值孰低法，对数据存货进行计量。因为数库科技现有存货都是需求导向，每笔存货都存在唯一对应的服务合同，所以可以按照数据产品为单位计提存货跌价准备。合同金额减去至完工时估计将要发生的成本、估计的销售费用以及相关税费后，即可得到存货可变现净值。如果存货成本低于可变现净值，则出现存货跌价，跌价部分为可变现净值与存货成本之差。存货跌价部分借记"资产减值损失"，贷记"存货跌价准备——数据资产"。

4.7　数据资产的收入确认

　　数库科技的数据资产产生收入有两种方式：出售数据产品和提供数据服务。按照 2017 年新的收入会计准则，不再对商品销售和劳务销售进行区分，而是按照五步法确认收入①。同时，新收入会计准则提出了"在

---

　　① 具体内容见《企业会计准则第 14 号——收入》（2017），第二章第五条。

某一时段内"或"在某一时点"履约义务时的两种收入确认方式。接下来，我们从数库科技的两种业务案例出发，阐述数库科技数据资产收入确认中的履约义务区分问题、时段确认收入或时点确认收入问题，以及合同价格分摊问题。

4.7.1　标准化推送产品收入确认

2020 年 12 月 22 日，数库科技与甲公司签订合同，将其拥有的数库科技 SAM 产业链数据库中的部分数据开放授权供甲公司使用，合同授权期限为一年。当天，数库科技为甲公司开通 SAM 产业链数据库账户并授权期限为 10 天的临时权限，甲公司通过临时密钥可以在 10 天试用期内免费体验和查看该数据库的最新数据。试用期结束前，甲公司有权单方面无条件终止合同。试用期结束时，甲公司未终止合同，因此合同正式生效。合同约定的收费方式为：甲公司于 2021 年 1 月 1 日支付一年特许权使用费，总金额为 10 000 元，甲公司有权在 2021 年末选择以同样的价格再续约一年。若未续约再行购买，将适用涨价后的价格。2022 年预期该 SAM 产业链数据库将提高至每年 12 000 元。

从数据资产收入确认的角度，上述案例有三个关键点。

（1）合同成立时间。甲公司 2020 年 12 月 22 日取得数据库账户和 10 天的临时权限，可正常查阅最新产业链数据。但试用期结束前甲公司有权单方面无条件终止合同，且无须向数库科技作出补偿，因此，试用期结束前不存在新收入准则下定义的合同。试用期结束，甲公司未选择终止合同，合同正式生效，合同约定的权利义务对数库科技和甲公司具有了法律约束力，此时合同成立。

（2）履约的义务是属于时段还是时点。正式使用期间，数库科技持续向甲公司推送最新抽取的产业链数据，甲公司在数库科技履约的同时即取得并消耗数库科技履约带来的经济利益，满足时段法确认收入的要求。

（3）额外再购买选择权问题。数库科技与甲公司签订的合同中包含了额外购买选择权，应当评估该选择权是否为向甲公司提供了一项重大权利。由于只有签订了该合同的客户才有权选择续约，行使该选择权所能享受的价格低于市场价格 20%，可认为续约选择权向甲公司提供了重大权利，应作为单项履约义务，将交易价格分摊至该履约义务。

4.7.2　定制化交易服务收入确认

数库科技与乙公司签订合同，为其定制近五年国家发改委重大项目数据集，并在数据产品验收合格后提供一年的抓取代码更新支持服务。数库科技通常会单独销售定制化数据集和代码更新支持服务，数据集无须代码更新支持服务也能正常使用。合同约定，数库科技自行进行数据开发，开发完成后将数据、抓取与稽核源代码及相关文档交付给乙公司，相关数据加工使用权、数据产品经营权归数库科技所有，乙公司对数据集进行验收。该数据集定制化程度较高，根据以往经验，在验收过程中，数库科技通常需要对数据集进行修正以满足乙公司的个性化要求。在确认验收前，数库科技不能合理确定其交付的数据产品是否能满足乙公司的个性化要求。乙公司按照合同约定分阶段付款，合同签订时预付 2 万元，开发完成交付数据、抓取与稽核源代码及相关文档后支付 3 万元，验收合格后支付 5 万元，剩余 1 万元作为质保金，用以保证数据更新服务在产品交付后 1 年内正常使用，在质保期满后 5 个工作日内支付。对于质量保证承诺，数库科技合理预计在质保期内不会发生重大质保服务成本。如果乙公司无理由终止合同，需支付合同价款 10% 的违约金。

从数据资产收入确认的角度，上述案例也有三个关键点。

（1）识别合同中的履约义务。数据集先于代码更新支持服务交付，且无须代码更新支持服务也能正常使用，乙公司可从单独使用该数据集或将其与代码更新支持服务一起使用中获益，表明数据产品和代码更新支持服务能够明确区分；数据集和代码更新支持服务没有对彼此作出重大修改或定制；数库科技没有将数据集和代码更新支持服务整合成一项产品或服务。因此，数据集和代码更新支持服务之间不存在高度关联性，二者在合同中可明确区分。对于质保期满后支付的 1 万元，该质保金是用以保证数据产品交付后 1 年内正常使用，且数库科技合理预计在质保期内不会发生重大质保服务成本，属于保证类质量保证，应按照《企业会计准则第 13 号——或有事项》进行会计处理。因此，上述合同中包含提供定制化数据产品服务以及代码更新支持服务两项履约义务，应当按照各自单独售价的相对比例将交易价格分摊，并在履约各项义务时分别确认收入。

（2）履约的义务是属于时段还是时点。数库科技在自己的办公场所开发软件，乙公司并未在数库科技履约的同时取得并消耗数库科技数据集开发过程中所带来的经济利益。直至开发完成后，数库科技才交付数据产品、抓取匹配源代码及相关文档。开发过程中，乙公司不能主导数库科技开发形成的商品并从中获得经济利益，不能够控制数库科技履约过程中在建的数据产品。且该数据集定制化程度较高，具有不可替代用途。乙公司按照合同约定分阶段付款，如果乙公司单方面解约，仅需支付合同价款 10%的违约金。可见，数库科技不能在整个合同期内任一时点就累计至今已完成的履约部分收取能够补偿其已发生成本和合理利润的款项。因此，该定制化数据集不满足属于在某一时段内履约义务的条件，属于在某一时点履约的义务。

表 4.7 展示了对该定制服务是否满足时段履约条件的判定。

表 4.7　数库科技定制服务履约条件的判定

时段履约的条件	数库科技定制服务	是否满足
客户在企业履约的同时即取得并消耗企业履约所带来的经济利益	开发完成交付数据产品，开发过程中不实时交付代码、计算机程序与相关文档	不满足
客户能够控制企业履约过程中在建的商品	数库科技在自有办公场所开发，没有证据表明履约过程中已经完成的成果属于客户且对客户有用	不满足
企业履约过程中所产出的商品具有不可替代用途，且企业在整个合同期内有权就累计至今已完成的履约部分收取款项	数据集定制化程度较高，具有不可替代用途。但客户可以极低成本解约，数库科技无法在履约任一节点收回已发生成本	不满足

（3）收入确认的时间问题。该数据集定制化程度较高，根据以往经验，数库科技通常需要在验收阶段进行修正以满足特定要求。因此，应在乙公司完成验收时确认收入。

第 5 章

经济信息服务业：中国经济信息社有限公司[①]

5.1 案 例 背 景

本章的案例来自经济信息服务业，我们要深入分析的企业是新华通讯社旗下子公司中国经济信息社有限公司（简称"中经社"）。新华通讯社（简称"新华社"）是我国的国家通讯社，也是具有全球影响力的世界级媒体集团。新华社建立了覆盖全球的新闻信息采集网络，形成了多语种、多媒体、多渠道、多层次、多功能的新闻发布体系，集通讯社供稿业务、报刊业务、电视业务、经济信息业务、互联网和新媒体业务等为一体，每天 24 小时使用 15 种语言向全世界 8 000 多家新闻机构用户提供文字、图片、图表、音频、视频等全媒体产品。中经社成立于 1989 年 10 月，于 2016 年 4 月重组，目前是中国规模最大、信息最权威的经济信息服务企业。本章将以中经社为例，分析传统企业进行数字化转型、

① 本章部分内容引用自中国经济信息社《经济信息服务业数据资产入表实践操作指南》，内容由中国经济信息社大数据中心总经理张瑾审核。

积累数据资源、开发利用数据资源并形成数据资产的全过程。

5.2　经济信息服务业的数据资源、数据产品和数据服务

经济信息服务业是指以信息为核心，以提供经济信息服务为主要业务的行业，其主要职能是整合、加工、分析和发布各类经济信息，为政府、企业、投资者等提供决策支持和市场分析等服务。经济信息服务业的主要业务包括宏观经济分析、行业研究、市场调查、投资咨询、财务分析、信用评估、数据分析等，其服务对象涵盖政府、企业、金融机构、投资者、研究机构等。随着信息技术的不断发展，经济信息服务业的服务方式也在不断创新，大数据、人工智能、云计算等新技术的应用，使得经济信息服务业更加高效、更加智能、更加精准。

5.2.1　经济信息服务业的数据资源

与其他行业相比，经济信息服务业的数据资源呈现以下特点：

（1）海量性。经济信息服务业务处理的数据量通常较大，需要进行大数据处理和分析，以提供准确的信息服务。

（2）多样性。经济信息服务涉及多个领域，数据资源种类丰富，包括宏观行业数据、企业数据、金融市场数据、主题特色数据等。

（3）实时性。经济信息服务需要及时获取最新数据，因此数据资源应具有较高的实时性和更新频率。

（4）高价值性。经济信息对企业和决策者具有重要参考价值，数据资源的准确性和可靠性对业务成功至关重要。

（5）支持多维度分析。经济信息服务需要对数据进行多维度分析，以揭示潜在的商业机会和风险，数据资源需要支持多种分析方法和工具。

（6）安全性和隐私保护。由于经济信息可能涉及商业机密和个人隐私，数据资源需要具备高度的安全性和隐私保护机制，确保数据的安全和合规性。

图 5.1 演示了经济信息服务业数据资源的特点。

图 5.1　经济信息服务业数据资源的特点

5.2.2　经济信息服务业的数据产品

经济信息服务业的数据产品形式有多种分类方式。

1. 根据客户的需求特征和服务方式进行分类

根据客户的需求特征和服务方式的不同，可以把数据产品分为三大类：数据集、数据信息服务和数据应用。其中，数据集是最基础的产品形式，数据应用则是最高级、最复杂的产品形式。

1）数据集

数据集指海量数据的集合，通常以数据库的形式提供。数据集包含不同类型的数据，如数值型数据（如 GDP、工业生产总值、PMI 等）、分类数据（如进出口商品的种类等）、文本数据（如新闻报道、舆情分析等），以及图像视频数据（如卫星图片等）等。客户可以按照自身的需求选择数据集中不同的数据进行加工、处理和分析。

2）数据信息服务

数据信息服务是以数据集资源为基础，为客户提供满足其特定需求的信息类服务，例如为客户提取、清洗、加工、处理、汇报特定的经济信息。这是一种定制化的服务，既可以为特定客户定制，也可以为特定类型客户定制。

3）数据应用

数据应用指不仅以数据库的方式提供底层的数据集，同时还提供应用程序或代码，创建统一的用户界面，为客户提供基于数据资源和模型应用的数据产品。例如，客户可以通过用户界面，提取任意时间段、任意区域、任意项目的数据；也可以根据自身需要，使用提供的应用程序或代码，进行数据分析。因此，数据应用服务不仅提供了分析的原材料（底层数据集），还提供了分析的工具（用户界面、应用程序或代码）。

2. 根据预期使用寿命进行分类

经济信息服务业的数据产品还可以根据预期使用寿命不同进行分类，分为舆情类数据产品、营销类数据产品和风控类数据产品[①]。

1）舆情类数据产品

常见的舆情类数据产品包括舆情监测系统、舆情分析报告、舆情预

---

① 内容引用自中国经济信息社《经济信息服务业数据资产入表实践操作指南》。

测工具等，主要用于帮助用户了解社会舆情动态、监测舆情风险、评估舆情影响等，有助于企业、政府和个人做出决策和应对舆情危机。该类产品定制性较强，数据采集范围大，具有时效性强的特点，且一般会采用文本字典分析技术来判断舆情信息中的情绪倾向。

2）营销类数据产品

常见的营销类数据产品包括客户画像分析工具、市场趋势预测系统、营销评估报告等，主要用于帮助用户更好地了解目标客户群体、优化营销策略、提高营销效率等，有助于企业实现精准营销、提升市场竞争力。该类产品个性化较强，能够基于用户行为数据和偏好信息实现个性化营销推送，通常支持多渠道整合，帮助用户及时了解市场动态和用户反馈。

3）风控类数据产品

常见的风控类数据产品包括反欺诈系统、信用评分模型、交易风险监测工具等，主要用于帮助用户识别潜在风险、降低风险损失、提高风险管理效率等，有助于企业建立健全的风险管理体系，保障业务的稳健运行。该类产品具有一定预测能力，能够实时监测数据变化，及时发现异常情况和风险信号，帮助用户快速做出反应和应对措施。

图 5.2 演示了经济信息服务类数据产品的不同分类方式。

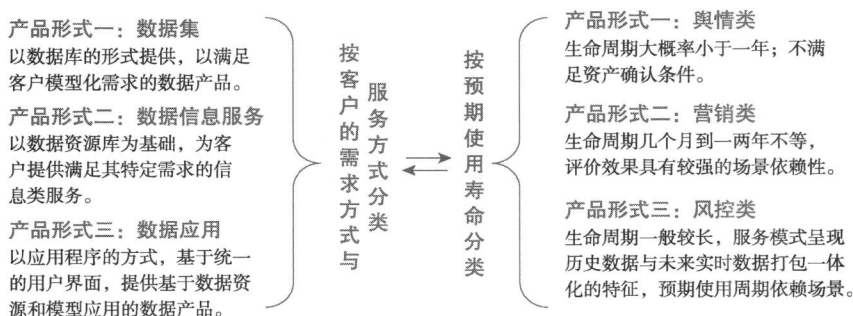

产品形式一：数据集
以数据库的形式提供，以满足客户模型化需求的数据产品。

产品形式二：数据信息服务
以数据资源库为基础，为客户提供满足其特定需求的信息类服务。

产品形式三：数据应用
以应用程序的方式，基于统一的用户界面，提供基于数据资源和模型应用的数据产品。

按客户的需求方式分类与服务方式分类 ⇄ 按预期使用寿命分类

产品形式一：舆情类
生命周期大概率小于一年；不满足资产确认条件。

产品形式二：营销类
生命周期几个月到一两年不等，评价效果具有较强的场景依赖性。

产品形式三：风控类
生命周期一般较长，服务模式呈现历史数据与未来实时数据打包一体化的特征，预期使用周期依赖场景。

图 5.2　经济信息服务业数据产品的不同分类方式

5.3　中经社的数据资源、数据产品和数据服务

当前，围绕服务国家战略，中经社建成了国家金融信息平台新华财经，"一带一路"综合信息服务平台新华丝路，国家信用信息平台新华信用，集成型指数编制发布综合服务体系新华指数四大重点产品。同时，中经社积极开展智库研究，成立了政务智库和经济智库两个事业部。其中，政务智库主要的服务内容包括：政务智库报告、政务信息服务系统、《高管信息》期刊、重点领域电子刊、突发事件月报、党建观察月报、高端智库咨询、政企关系对接、政务培训等综合信息服务。经济智库则围绕政府经济管理部门和大中型企业信息需求，开展宏观经济、区域发展、城市房地产、农业农村、智能制造、能源、海洋、钢铁、汽车、医药健康、文旅产业等方面的信息采集和战略性、前瞻性研究，提供高端智库咨询、品牌建设、战略规划等智库系列服务。此外，中经社还推出了新华舆情服务，跟踪研究金融、产业、政务等领域的舆情动向，提供独家、完备的舆情智库生态服务，帮助企业防范声誉风险，为政府有效开展社会治理提供决策参考。最后，中经社还承担了全国一体化政务服务和监管平台、中国"一带一路"网等国家级平台运营项目，打造了国际化能源交易平台上海石油天然气交易中心。目前中经社已经成为国内权威性最强、服务领域最广、信息种类最全的经济信息服务机构。

中经社的数据资源非常丰富，涵盖宏观行业数据、金融市场数据、企业全景数据、特色主题数据等。比如，中经社全资拥有的国家金融信息平台"新华财经"提供资讯、研报、行情以及各种特色数据。新华财

经目前提供超过 260 万个宏观指标的数据，超过 161 万个行业指标；每日更新 800 篇以上研究报告，有超过 1 300 家合作机构；覆盖超过 60 个交易市场，为超过 74 万标的提供行情数据。新华财经不仅拥有市场公开数据，还拥有"一带一路"数据库、信用数据库、新华指数等特色数据。从数据产品和服务的角度看，新华财经围绕资讯、数据、研报、行情、分析工具、交易六大模块，通过终端（专业终端、移动终端、公共终端）、门户网站、"资讯流"及"数据流"等形式提供多样化服务。

　　中经社旗下的"新华指数"是另一个数据资源丰富的例子。新华指数是全流程解决方案供应商，有三类指数业务：金融证券指数业务、商品现货指数业务、行业主题指数业务。其中，金融证券指数业务用于理财基金产品设计及交易所上市，含产品定制（个性化定制编制研发、回测发布、运维优化）、产品授权（授权金融机构使用已发布指数）、产品运营，针对授权合作标的指数、指数型基金产品及用户自有产品，提供指数全流程策划、编制发布及运营。商品现货指数业务提供商品现货价格指数服务，目前重点围绕工、农、林三大板块，服务大宗商品产业链、供应链建设，助力我国重塑国际市场竞争合作新格局，提升我国在国际大宗商品贸易中的定价话语权，并建立价格监测预警体系，增加市场信息和数据公开度和透明度。行业主题指数业务聚焦数字政府、数字经济、数字社会及粮食耕地、能源资源、金融物流、绿色低碳等领域，通过搭建数字化指标体系，提供全流程策划、编制、发布及综合运营服务，为用户在经济分析、行业预判、绩效评估、考核评价、标准制定、品牌建设、话语引领等场景，提供数字化决策工具，帮助用户提高工作效率、降低决策成本、提升行业形象、引领产业发展、展现社会责任。新华指数的数据产品和服务包括及时、权威发布指数，授权机构使用新华指数（包括行情及衍生品），为客户定制指数，以及编制指数报告和开展智库咨询。

智库方面，中经社的主要数据产品是各类报告。比如，《经济分析报告》是新华社国家高端经济智库研究的旗舰产品，具有贴近服务国家经济决策、贴近地方经济实际发展、广泛开展智库交流的特色。围绕用户关心的国内外经济领域重大问题，及时准确地聚焦经济运行中的热点、难点、焦点，捕捉新苗头新动向，研判未来走势，提出应对策略，同时分析一些地区在经济运行、社会管理等方面可操作性强、成效突出的新理念、新举措、新经验，为用户决策提供参考。

尽管每一项数据资源、数据产品和数据服务对中经社及其客户都很重要，但并非每一项数据资源都可以被确认为数据资产，并计入财务报表。为了更好地了解自身拥有的数据资源，更有效地发挥和提升数据资源的价值，中经社对其所拥有的数据资源进行了一次模拟入表。我们将深入分析模拟入表的流程、结论，以及取得的经验和面临的挑战。

5.4　模拟入表"五步法"

中经社在此次模拟入表过程中，根据资产的定义和确认条件梳理总结出了实践操作层面的数据资产入表"五步法"。第一步，梳理数据资源：全面梳理企业拥有的数据资源情况。第二步，数据合规判断：判断企业对现有数据资源的权利及合规情况。第三步，产品盈利分析：分析与数据资源相关的数据产品盈利的可能性和持续性。第四步，成本归集：按照历史成本逐项归集数据资产相关历史成本。第五步，列报披露：在财务报表和报表附注中进行相关披露。图 5.3 展示了中经社数据资产模拟入表"五步法"。

图 5.3　中经社数据资产模拟入表"五步法"

中经社的"五步法"与我们在第 3 章中建议的数据资产入表流程的四个关键步骤有高度的相似性，但也存在一些不同。首先，中经社"五步法"与我们提出的"四个步骤"的第一步完全相同，都是梳理数据资源。数据资产入表的前提是先知道企业掌握哪些数据资源，然后再判断这些资源能不能确认为数据资产。其次，中经社"五步法"与我们提出的"四个步骤"的第二步也基本相同。中经社称之为"数据合规判断"，我们称之为"确定数据资源权属"。我们认为确定权属的范围略大于合规判断，因为可以合规使用的数据不一定属于企业所有。再次，中经社"五步法"的最后三步（"产品盈利分析""成本归集""列报披露"）都属于我们提出的"四个步骤"的最后一步："完成数据资产会计计量和信息披露"。其中，"产品盈利分析"主要用来区分数据无形资产与数据存货，"成本归集"属于数据资产的初始计量和后续计量，"列报披露"即为信息披露。中经社"五步法"中没有提到的是我们的第三个步骤："建立数据资源管理体系"。这是因为中经社"五步法"的出发点是首次入表，而我们的"四个步骤"考虑的是对数据资源和数据资产的长期管理。数据资源资产的数量、寿命、价值始终处于变动当中，因此建立数据资源管理体系是数据资产入表常规化必不可少的环节。

5.5　数据资源梳理

中经社多年来深耕金融信息服务领域，具备良好的数据治理基础。

中经社的数据资源覆盖面很广，目前拥有全球 238 个国家和地区的宏观及行业数据、全面的金融市场数据，以及国内 9 300 多万家企业的全景数据。同时，中经社通过专业研究团队、各地区的深入调研整理、国家部委数据的直连，形成了一些具有市场差异化的特色主题数据，比如县域数据、双碳数据、产业链数据等。

　　在此次模拟入表中，中经社按照数据来源方式，对自采及第三方引进的数据进行了全面梳理。其中，自采类数据梳理内容包括数据名称、数据内容介绍、数据来源、数据服务产品情况、数据采集方式等。第三方引进类数据梳理了数据来源、数据内容、合同权利及限制、合同金额、数据服务产品情况等内容。具体数据来源、数据产品及服务的情况如图 5.4 所示。

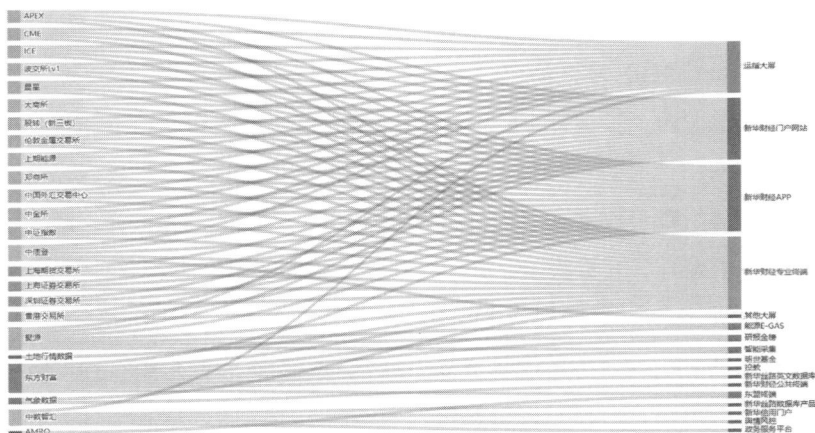

图 5.4　中经社数据来源、数据产品及服务情况

5.6　数据合规判断

　　数据资源能被确认为数据资产的两个核心条件之一是数据资源必须

是"企业合法拥有的或控制的"，因此，对数据资源的合规判断就是检查数据来源及加工治理方式是否合规，企业是否合法拥有或控制这些数据资源。这是数据资产入表的前提之一。

对于自采类数据，需要重点关注数据来源是否合法以及加工治理方式是否合规。比如个人行为或消费数据的非法使用可能涉及侵权，用电量、税务数据等公共数据可能涉及权利不清，需要得到合法授权。中经社自主采集的数据资源，一般来源为政府公开网站、交易所、各地统计局等官方公开渠道，数据来源及加工治理方式需经专业判断不涉及违规侵权等情况。

对于第三方引进的数据资源，则需重点关注资源引进合同中相关权利及限制情况。假如合同条款有使用限制，比如明确指出"仅供内部研究使用""不得用于除展示外其他用途"等明显限制条款，则认为不符合资产定义中"企业合法拥有或控制"的条件，该项数据资源以及与之相关的成本支出不适宜作为数据资产入表。

因此，经济信息服务行业相关数据要素型企业在未来引进数据资源过程中，应充分重视合同条约中的相关权利限制事项，在合约谈判过程中应对合同条约有充分认知，避免出现权责瑕疵导致的数据资产认定问题。

5.7　数据产品的盈利分析

数据资源能被确认为数据资产的第二个条件是"预期会给企业带来经济利益"。数据产品或服务的盈利分析重点在于按盈利模式对数据产品和服务分类。实现数据产品和服务分类有两个目的：一是判定该产品或服务能否给企业带来持续的经济利益，二是用来区分数据无形资产与数据存货。

资产定义要求与资源相关的经济利益很可能流入企业，而数据资源经济利益实现方式离不开数据产品。因此在模拟入表过程中，中经社全面梳理了与数据资源强相关的数据产品和服务清单，并按照盈利模式对现有数据产品和服务进行了归类，将产品和服务分为四类：SaaS（Software as a Service，软件即服务）类产品、数据服务、智库报告类产品和指数类产品，每类产品和服务都可以定制化。

1. SaaS 类产品

SaaS 类产品包括新华财经终端、"一带一路"综合信息服务平台、企业信用管理服务系统、中国天然气信息终端 E-Gas、数字经济智能决策支持平台等十余项产品。该类产品的盈利模式为账号按年计费，客户开通账号后，可以下载软件并申请开通账号登录专业终端、移动终端或平台网站。若客户需要提供产品终端服务、数据流接口服务、本地化部署服务，公司可根据客户具体定制化需求来商议价格。

2. 数据服务

数据服务提供宏观及行业数据、金融市场数据、企业数据、主题特色数据四个维度的数据，可通过数据库同步、接口等方式提供，目标用户主要为银行、券商等金融机构，地方政府，产业园区，以及大型企业，收费模式为按照客户实际需求商议价格。

3. 智库报告类产品

智库报告类产品涵盖经济分析报告、政务智库报告、国别营商环境与投资风险分析报告、信用报告、行业报告、政策解读报告等。该类产品主要用户为各级政府单位、大型集团企业、上市公司等。经济分析报告、政务智库报告等盈利模式为按年计费；国别营商环境与投资风险分析报告等收费模式为按照国别数量收费。

4. 指数类产品

指数类产品主要为新华指数系列，包括金融证券指数、商品现货指数和行业主题指数三大类。该类产品主要与地方特色优势产业或行业管理部门联合合作，为推动当地优势产业发展，联合编制发布相关指数，打造地方产业影响力。其中，金融证券指数的目标用户主要为基金公司、券商公司、银行理财子公司等金融机构；商品现货指数用户主要为地方政府特色优势工业或农业相关管理部门、行业龙头/代表性企业、现货交易中心等；行业主题指数目标用户主要为政府发改、交通、金融、工信、科技、商务、产业园区、枢纽港区，龙头企业、金融机构等。主要盈利模式为根据客户数据采集范围、研发资源及运营服务需求商议价格。

图 5.5 显示了中经社四大类数据产品与定制化服务矩阵。

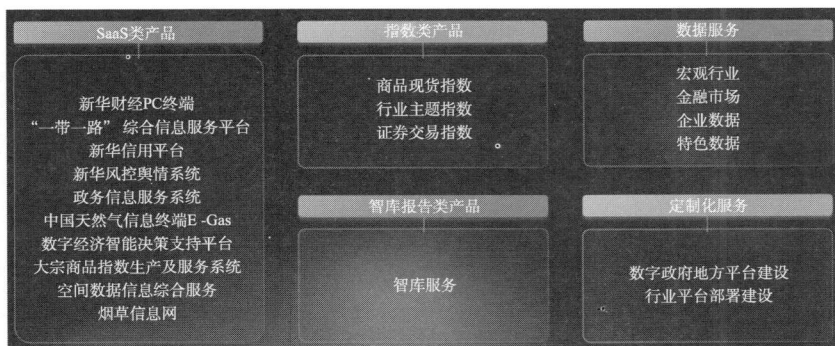

SaaS类产品	指数类产品	数据服务
新华财经PC终端 "一带一路" 综合信息服务平台 新华信用平台 新华风控舆情系统 政务信息服务系统 中国天然气信息终端E-Gas 数字经济智能决策支持平台 大宗商品指数生产及服务系统 空间数据信息综合服务 烟草信息网	商品现货指数 行业主题指数 证券交易指数	宏观行业 金融市场 企业数据 特色数据
	智库报告类产品	定制化服务
	智库服务	数字政府地方平台建设 行业平台部署建设

图 5.5　中经社四大类数据产品与定制化服务矩阵

在完成了数据产品和服务的分类后，下一步就是根据《暂行规定》的指导原则来判定哪些数据资源可以被确认为数据资产，以及进一步区分为数据无形资产与数据存货。在第 3 章中我们详细讨论过如何区分数据无形资产与数据存货，区分二者的重要标准之一是数据资产是否出售，即所有权是否发生转移。如果某项数据资产可能会被出售（发生了所有权的转移），则可以确认为存货，反之则是无形资产。由于中经社数据产品销售不伴随权利实质转移，因此中经社认为符合资产确认条件的数据产品和服务均为无形资产。需要特别强调的是，无形资产属于长期资产，因此被确认为无形资产的相应资源带来的经济利益流入需要超过一年。对于经济信息服务行业中的企业，其隐含的要求即为历史数据依然具有经济价值。事实上，数据资源能否带来长期经济利益成为中经社判定该数据资源能否被确认为数据资产的最为关键的条件。

对于 SaaS 类产品，以新华财经终端为例，用户使用各类终端查询股票、基金、债券数据时，其关注点往往不局限于这些金融资产此时此刻的数据，而是更加关注以往多年的历史数据。那么，站在当下时点来看，2023 年乃至 2022 年甚至更早期的历史数据依然在为公司产生经济价值。同样地，以数据服务中的上市公司数据服务为例，客户付费购买上市公司数据服务时，其合同购买价款往往包含了上市公司全部数据，包括上市公司的最新数据和历史数据。因此，我们有充分的理由认为，SaaS 类产品和数据服务中的历史数据带来的经济利益的流入持续至今。据此，中经社认为这两类产品符合无形资产的判断条件，适宜作为数据资产入表。

对于智库报告类产品，一般认为，智库分析报告时效性较强，对于一份特定报告是否能在一年后依然具备付费客户，也即经济利益流入是否超过一年，存在较大的不确定性。此外，与常见的股票、债券指数（比如沪深 300 指数，中证中债指数等）不同，中经社指数类产品多为与地方优势产业或行业管理部门合作联合打造的特色行业和价格指数，主要为当地优势产业打造全国影响力，因而积累的指数数据资源定制化特征明显，复用性较弱，一般认为经济利益流入也难以超过一年。此外，2024年是数据资产入表元年，出于审慎和稳健性原则，为了防止数据资产泡沫引发系列问题，中经社认为智库报告类产品和指数类产品不符合无形资产的判断条件，暂时不宜作为数据资产入表。

5.8　数据资产的成本归集与分摊

与数库科技的案例一样，中经社对于数据资产入表的初始计量原则也为历史成本法。因此，确定可入表的数据产品范围后，下一步就是与其相关的历史成本的归集。一般而言，与数据资产相关的成本包括数据采购成本、人工成本、软件成本、硬件成本四类，四项成本的合计金额即为数据资产入账的初始金额。

5.8.1　数据采购成本

数据采购成本的归集包含与数据资产相关的数据采购成本、为引进数据的合同金额以及相关税费。数据采购成本的归集比较清晰明了。在"五步法"中的第一步（梳理数据资源）中清楚地规定，对于第三方引进的数据资源需要归集包含具体合同金额、服务数据产品情况的详细信息。"五步法"中的第二步（数据合规判断）则将不符合数据资产定义和确认条件的数据资源筛选排除。此时只需将剩余符合数据资产定义和确认条件的数据资源引进合同金额加总，即为构成数据资产入账成本之一的数据采购成本。

数据采购成本的分摊指将同一数据的采购成本按某种方式分摊给不

同的数据产品或服务。如果一项数据仅用于某一具体数据产品，则不涉及分摊问题。但一般而言，一项数据会服务于多项数据产品和服务。比如，中经社采购的上市公司数据既服务于新华财经系列的 SaaS 类产品，又用于数据服务，因而归属于上市公司数据的采购成本需要在新华财经的 SaaS 类产品和数据服务两类产品间进行分摊。在实操过程中，数据采购成本在不同产品之间的分摊是入表的难点之一，因为合理的分摊方法需要充分了解数据是如何影响不同产品和服务的生产与收入的。由于是模拟入表，中经社对于数据采购成本分摊的处理方法采用了一种简化方式，按照产品收入占比在不同产品间进行分配。这种处理方法假设了数据的使用与产品收入呈线性关系，但实际情况可能要复杂得多，比如数据调用次数、数据使用范围、对外提供服务频次等也许是更合理的分摊标准。在未来的实践中，我们建议经济信息服务行业的其他企业结合自身的实际业务模式综合考虑，以确定更加合理的分摊方法。

5.8.2　人工成本

人工成本的归集指与数据资产相关的相关人员的成本，包括但不限于工资、福利、差旅费等。对于自采类数据资产，人工成本是最重要的成本。结合中经社的业务实际，与数据资产相关的人工成本包括形成数据资产所必须投入的数据规划、采集、加工治理、应用开发等相关人员成本。由于中经社过往财务核算围绕内部各事业部、分公司进行，并未建立全成本核算体系，且内设部门大数据中心人员承担了大部分的数据采集、加工治理等工作，因而在归集人工成本时做了简化处理，把大数据中心全部人员成本作为数据资产的人工成本。

人工成本的分摊指人工成本在不同数据产品和服务之间的分摊。人工成本分摊的方法很多，比较科学合理的方法是按工时进行分摊。而要准确计量不同产品和服务中投入的工时，需要建立严谨、完备的数据资源管理体系。我们建议相关企业对数据产品全链条进行科学规划，合理布局数据加工链条中涉及的部门并落实工时管理系统，为数据产品开发流程中人工成本投入的可靠计量提供科学依据。

5.8.3　软、硬件成本

软、硬件成本的归集首先要明确数据产品和服务开发中使用了哪些软件、硬件。中经社开发数据资产过程中使用的软件主要为智能采集平台、智能生产加工平台等专用类软件和部分通用类办公软件，使用的硬件主要为服务器。数据资产成本构成中的软件成本主要为开发数据产品所必需的软件的摊销部分，硬件成本主要为开发数据产品所必需的机器的折旧部分[①]。由于模拟入表期间，中经社尚未采用全成本核算体系，因此准确辨认数据资产开发过程中直接使用的服务器和软件都较为困难，此次模拟入表的硬件成本为登记在大数据中心部门的两台服务器的折旧部分，软件成本为智能采集平台、智能生产加工平台等专用类软件的摊销部分。显然，模拟入表的软、硬件成本归集不够准确和完整。基于中经社的经验，我们建议经济信息服务行业中的其他相关企业尽快完善企业资产管理制度，建立固定资产及无形资产台账制度，明确资产唯一识别码，并登记资产具体使用用途，以便对数据产品成本进行合理区分和管理，从而提高数据产品开发过程中使用的软、硬件的辨识度，使其能够得到可靠计量。

---

① 机器、软件作为形成数据产品所必要的直接支出，其相关的折旧摊销费用构成产品成本的一部分。

　　软、硬件成本如何在不同数据产品之间进行分摊，是数据资产入表的通用难题。模拟入表期间，中经社采用了收入占比法，在不同数据产品间对软、硬件成本进行分配。这种方法的优点是简单易操作，但这并不能体现各项数据产品和服务的真实软、硬件成本。因此我们建议业界探索更加科学合理的成本分摊模式，寻找数据产品与软、硬件成本之间可量化的、强相关的联系，比如软件成本按照使用频次进行分配，硬件成本按照数据产品在服务器的存储空间占比进行分配等。

5.8.4　成本合计

　　归集完数据采购成本，人工成本，软、硬件成本后，这四项成本的合计即为数据资产的初始入账成本。此外，各类成本在不同数据产品和服务之间分摊后，各项数据产品和服务的成本也能加总合计，单独计算。

5.9　数据资产的列示与披露

　　为更直观地观察数据资产入表的影响，我们展示了中经社的资产负债表（表 5.1）、利润表（表 5.2）以及现金流量表（表 5.3）各主要项目在数据资产模拟入表前后的变化。

表 5.1　模拟入表前后的资产负债表

科目	2023.6.30 入表后	2023.6.30 入表前	差异（万元）	2022.12.31 入表后	2022.12.31 入表前	差异（万元）
流动资产合计	***	***	—	***	***	—
无形资产	***	***	3 733.57	***	***	2 442.79
递延所得税资产	***	***	125.80	***	***	53.88
其他非流动资产小计	***	***	—	***	***	—

续表

科目	2023.6.30 入表后	2023.6.30 入表前	差异 （万元）	2022.12.31 入表后	2022.12.31 入表前	差异 （万元）
非流动资产合计	***	***	3 859.37	***	***	2 496.67
资产总计	***	***	3 859.37	***	***	2 496.67
应交税费	***	***	785.83	***	***	519.09
其他负债小计	***	***	—	***	***	—
负债合计	***	***	785.83	***	***	519.09
未分配利润	***	***	3 073.54	***	***	1 977.58
其他股东权益小计	***	***	—	***	***	—
股东权益合计	***	***	3 073.54	***	***	1 977.58
负债和股东权益总计	***	***	3 859.37	***	***	2 496.67

　　数据资产入表对资产负债表最直接的影响就是无形资产的增加。以 2022 年为例，数据资产入表前后，公司无形资产增加了 2 442.79 万元，这完全来自数据资产入表的影响。相应地，总资产增加了 2 496.67 万元，但净资产只增加了 1 977.58 万元。净资产的增加低于总资产的增加主要是因为数据资产入表带来了 519.09 万元的应交税费的增加（递延所得税资产小幅增长了 53.88 万元），而应交税费的上升与净利润上升有关。

表 5.2　模拟入表前后的利润表

科目	2023.6.30 入表后	2023.6.30 入表前	差异 （万元）	2022 年 入表后	2022 年 入表前	差异 （万元）
营业成本	***	***	−210.67	***	***	−609.09
管理费用	***	***	−384.46	***	***	−442.42
研发费用	***	***	−695.65	***	***	−1 391.28
营业利润	***	***	1 290.78	***	***	2 442.79
利润总额	***	***	1 290.78	***	***	2 442.79
所得税费用	***	***	194.82	***	***	465.21
净利润	***	***	1 095.96	***	***	1 977.58

数据资产入表的本质是数据资源成本的资本化，而入表前这些成本都是费用化处理。因此，在其他条件不变的情况下，数据资产入表会带来成本费用的减少，提升净利润。以 2022 年为例，数据资产入表之前与数据资产相关的成本费用直接计入当期费用，进而减少当年利润，模拟入表后这部分成本被资本化，计入无形资产项下的数据资产，因此增加了利润。具体来看，我们注意到数据资产入表后营业成本、管理费用和研发费用都下降了，因此营业利润增加了。但更高的营业利润意味着更高的当期所得税，所以所得税费用也增加了。尽管如此，所得税费用的上升（465.21 万元）远低于营业利润的上升（2 442.79 万元），因此净利润最终增加了 1 977.58 万元。

表 5.3　模拟入表前后的现金流量表

科目	2023.6.30 入表后	2023.6.30 入表前	差异（万元）	2022.12.31 入表后	2022.12.31 入表前	差异（万元）
经营活动现金流入小计	***	***	—	***	***	—
购买商品、接受劳务支付的现金	***	***	−787.84	***	***	−1 542.27
经营活动现金流出小计	***	***	−787.84	***	***	−1 542.27
经营活动产生的现金流量净额	***	***	787.84	***	***	1 542.27
投资活动现金流入小计	***	***	—	***	***	—
购建固定资产、无形资产和其他长期资产支付的现金	***	***	787.84	***	***	1 542.27
投资活动现金流出小计	***	***	787.84	***	***	1 542.27

科目	2023.6.30 入表后	2023.6.30 入表前	差异（万元）	2022.12.31 入表后	2022.12.31 入表前	差异（万元）
投资活动产生的现金流量净额	***	***	−787.84	***	***	−1 542.27
筹资活动产生的现金流量净额	—	—	—	***	***	—
汇率变动对现金及现金等价物的影响			—	***	***	
现金及现金等价物净增加额	***	***	—	***	***	—
加：期初现金及现金等价物余额	***	***	—	***	***	—
期末现金及现金等价物余额	***	***	—	***	***	—

　　数据资产入表对现金流量表的影响没有对资产负债表和利润表那样直观。从企业的角度来看，当年现金的变化和数据资产是否入表无关，但现金支出（或收入）的划分却受到数据资产入表的影响。数据资产入表前，数据采购成本、人工成本等相关的现金支出被划分为经营活动现金流出。数据资产入表后，这些现金支出被划分为投资活动现金流出（投资于数据无形资产）。因此，我们仔细观察现金流量表可以看到数据资产入表后经营活动现金流出减少，投资活动现金流出增加，且金额一致，因此对期末现金余额无影响。以 2022 年为例，数据资产入表后，经营活动现金流出减少了 1 542.27 万元（相应地，经营活动产生的现金流量净额增加了 1 542.27 万元），同时投资活动现金流出增加了 1 542.27 万元（相应地，经营活动产生的现金流量净额减少了 1 542.27 万元）。这一增一减相互完全抵消，最终期末现金及现金等价物余额没有变化。

第6章

金融基础设施：中债估值中心

6.1　案　例　背　景

本章的案例来自中债金融估值中心有限公司（简称"中债估值中心"）[①]。中债估值中心是中央金融企业中央国债登记结算有限责任公司（简称"中央结算公司"）的全资子公司，是中央结算公司基于中央托管机构中立地位和专业优势、历经二十多年精心打造的中国金融市场定价基准服务平台，于2017年5月落户上海，致力于发展成为金融市场数据领航者。中债估值中心依托其专业的金融基础设施地位和技术优势，不断创新和发展数据产品体系，为金融市场提供全面、准确、及时的数据服务。

金融行业的典型特征是风险规避和数据密集，而以中债估值中心为代表的金融基础设施具有典型的金融科技属性，其存在的价值就是通过

---

① 本章内容由中债估值中心高级总监王超群，计划财务部连城、李润宁等提供，本书作者加工整理。

科技和数据服务监管机构及金融市场，赋能金融企业。中债估值中心分别于 2019 年和 2023 年获得国家高新技术企业认定，符合《国家重点支持的高新技术领域》规定的"信息技术服务–数据服务技术"行业范围。中债估值中心作为典型的金融科技型数据要素企业，充分发挥金融基础设施在金融资产估值领域的专业优势，创新提出数据资产成本精益管理的"中债估值方案"，打造行业数据精益管理的实践范例。

本章将深入讨论中债估值中心的数字产品，以及这些数字产品如何被确认为数据资产并计入财务报表的实践。

6.2　中债估值中心的数据产品与服务

中债估值中心于 1999 年编制发布了中国第一条国债收益率曲线，目前已经发展成为国内债券市场权威定价基准，并全面反映人民币债券市场价格及风险状况的指标体系。中债估值中心围绕定价基准服务职能，不断丰富产品体系，目前提供中债收益率曲线及估值、中债指数、中债新会计准则解决方案、中债风险管理指标产品、中债可持续金融产品服务、中债 DQ 金融终端、中债数据服务等七大类产品和服务，有效促进了债券公允价格形成和市场透明度的提升，其应用领域逐步从债券市场扩展至其他金融市场甚至是非金融市场，已成为国家财政政策与货币政策实施的重要参考指标。

6.2.1　中债收益率曲线及估值

这项产品实际包含以下两个部分。

第一部分是中债收益率曲线。该曲线族系是国内最完整的债券收益率曲线体系，全面覆盖中国债券市场所有债券品种、信用级别及境外债券市场，可精准刻画不同市场、不同行业、不同发行人、不同债券品种、不同资产的市场走势，能够有效表征各类型债券收益率水平，是分析利率走势和进行市场定价的基本工具及进行投资的重要依据，现每日发布曲线近 3 700 条。中债收益率曲线是国内经济先行指标、市场风险管理及投资业绩考核的计量参考，被广泛应用于债券定价基准、商业银行内部资金转移定价和贷款定价、保险合同准备金计量、股权类证券和国债期货等金融衍生工具定价，以及房地产等非金融资产价值评估。

第二部分是中债估值服务。中债估值是市场覆盖最全面、应用最广泛的人民币债券公允价值参考，获得了市场参与机构的广泛认可，是中国债券市场的主要锚定价格及监控风险的重要工具，现每日发布各类资产估值超过 15 万条，每日发布各类资产估值规模超过 170 万亿元。中债估值是债券发行成本控制、发行风险监控的重要工具，主要应用于交易定价参考、风险管理计量参考基准以及公允价值计量。

中债收益率曲线及估值的相关产品包括中债实时收益率、中债境外债券收益率曲线及估值、限售股估值、公募 REIT 估值及折扣率，以及可转债、可交换债估值等。这些产品为投资者、发行人、托管行、监管机构等市场参与者提供了客观中立、不可或缺的信息。

6.2.2　中债指数

中债指数是国内历史最为悠久、应用最为广泛、产品数量最多的人民币债券市场代表性指数品牌。中债指数覆盖所有境内人民币债券，并拓展至权益资产与境外资产指数领域，可以提供丰富、专业、权威的跟踪标的和业绩比较基准，且能够有效满足多元化、定制化需求。中债估值中心每日公开发布指数 1 566 条,82%的债券被动基金选择中债指数作为跟踪标的，境内人民币债券资产 100%覆盖。中债指数产品的使用者是基金和银行等金融机构，公、私募基金广泛使用中债指数作为跟踪标的和业绩比较基准，银行理财产品的创设和业绩比较基准也广泛采用中债指数。此外，银行的结构性存款、结构化理财产品、收益凭证、收益互换、场外期权等产品也经常挂钩中债指数。

中债指数的热点产品还包括中债多资产指数、中债绿色及可持续发展指数系列等。在提供指数服务之外，中债估值中心还提供中债业绩归因服务，采用固收领域共识度高的 Campisi 模型和 Brinson 模型，为客户提供单券、指数以及投资组合等多维度的业绩归因服务。2023 年 11 月，国家金融监督管理总局发布《商业银行资本管理办法》，进一步完善了商业银行资本监管规则。中债估值中心在同月发布投资级公司分类参考数据库，2024 年 3 月进一步发布中债商业银行分类参考数据库，帮助市场机构识别投资级公司发行主体，为商业银行分类提供可靠、快捷、高效的解决方案。

6.2.3　中债新会计准则解决方案

为满足新金融工具会计准则对于债权类资产的计量要求，中债估值中心于 2018 年推出由中债估值、中债 SPPI 和中债预期信用损失（Expected Credit Lost，ECL）共同组成的中债新金融工具会计准则解决方案，为市场机构新会计准则实施、投资管理和估值核算等需求提供专业高效的支持和参考。其中，中债估值服务提供公允价值计量（包含标准化债权、非标债权、权益、金融衍生品四类资产的估值），涉及资产规模超 170 万亿。中债 SPPI 涉及金融资产分类，每日发布近 12 万条信息。

中债预期信用损失（以下简称中债 ECL）涉及债券、保险资管产品、信托资产、理财直融工具和存款等的预期信用损失，每日发布近 28 万条信息。中债新会计准则解决方案相关产品的主要使用者是金融机构和会计师事务所，监管机构也推荐使用相关产品，比如中债 SPPI、中债估值和中债 ECL 作为行业实践案例被收录至中国银行业协会编纂的《新金融工具会计准则系统模型及应用》。

6.2.4　中债风险管理指标产品

中债风险管理指标产品综合了市场价格、财务运营、市场舆情和中债价格等指标的统计信息，能够客观、及时、精细地反映债券利率、信用、流动性风险变化，帮助投资者和监管部门评估投资决策的风险，提升风险管理能力。中债风险管理指标系列产品包括信用风险指标（如中债市场隐含评级、中债市场隐含评分、中债市场隐含违约率等）、流动性风险指标，以及市场风险指标（如中债关键利率久期、中债收益率曲线风险因子合格性检验、中债在险价值和预期损失等），每日发布风险指标100 万余条。以市场最为关注的中债市场隐含评级为例，这是一种主要基于市场价格信息提炼出的信用风险监测指标，能够动态反映市场投资者对债券的信用评价，覆盖所有在岸人民币信用类债券，市场隐含评级受主观因素影响较少，具有更高的时效性和客观性。另一个例子是中债流动性指标，这是以成交、报价以及债券特征三类影响债券流动性的因子为基础计算得出的用于反映债券潜在交易活跃度的指标。中债流动性指标可为债券主动投资、指数被动投资和量化投资提供参考，助力评估投资决策；可用作流动性风险监测指标，助力提升流动性风险管理能力。中债风险管理指标产品的主要用户也是包括公募、私募基金在内的各种投资机构、银行和监管部门。

6.2.5　中债可持续金融产品服务

中债可持续金融产品服务主要是围绕 ESG 推出的一系列服务，包括 ESG 评价服务、ESG 数据服务、ESG 指数、ESG 报告及咨询以及应对气候变化解决方案等多元化产品和服务，向市场机构提供"一站式"ESG 解决方案。其中，中债 ESG 评价框架由环境绩效（E）、社会责任（S）、公司治理（G）构建而成，共包含 14 个评价维度（二级指标）、40 个评价因素（三级指标）、180 余个底层计算指标。中债 ESG 评价包括 ESG 评价综合得分，E、S、G 评价分项得分和形成得分的 14 个维度得分。ESG 评价综合得分、分项得分、维度得分评分区间为 1 分至 10 分，共十档，数值越大，表示发行人相应表现越好。中债 ESG 评价已实现对 9 000 余家境内公募信用债发行人、A 股上市公司的 100% 全覆盖。在 ESG 数据服务方面，中债估值中心推出了 ESG 基础信息库和 ESG 主题资产信息库。ESG 主题资产信息库包括碳中和信息库和中债乡村振兴主题债券信息库，是非常独特的数据资源。中债 ESG 指数覆盖境内外债券资产并支持中债 ESG 指数定制服务，已成为中国 ESG 相关资管产品的重要业绩比较基准和投资标的。中债 ESG 产品是衡量企业经营表现和可持续发展潜力的重要标准，目前已被金融机构广泛应用于组合构建、研究分析和风险预警等相关业务领域。

6.2.6　中债 DQ 金融终端

中债 DQ 金融终端是中债估值中心为固定收益市场专业人士打造的金融信息终端，也是中债价格指标产品的官方发布平台。中债 DQ 金融终端具有数据可视化、方法工具化、应用场景化、服务平台化的特点，帮助用户获取全面、及时、可靠的市场数据，并提供辅助固收投资分析和风险管理的中债解决方案，一站式满足用户需求。中债 DQ 金融终端的优势在于一站式发布全部中债估值中心的数据产品，了解中债价格指标产品背后的核心方法论和算法并提供定量分析服务，以及支持海量数据的及时下载。中债 DQ 金融终端为固收一级和二级市场投资者提供及时和高效的定价、投研服务，同时还可以辅助债券交易，并提供债券风险及投后管理。

6.2.7　中债数据服务

中债估值中心依托全面丰富、多年积累的债券业务数据，以及中央结算公司独有的债券全生命周期数据，可满足用户研究分析、风险控制、监管报送等各类数据服务需求，助力用户高效洞察市场情况，精准开展业务分析，全面提升业务质效。中债数据服务包括中债行业分类数据、中债绿色债券分类数据、中债绿色债券环境效益信息数据库、中债债券现金流数据、中债地区经济数据库等。

6.3　中债估值中心的数据价值链

6.3.1　业务模式

中债估值中心业务模式的本质是通过自主研发的数据模型和信息系统进行数据采集、处理和分析，向市场和用户提供数据服务。同时，公司持续开展信息技术领域新算法、新标准、新系统的研发，自主研发形成发明专利、软件著作权等知识产权，牵头起草《债券价格指标产品数据采集规范》等国家标准和行业标准，在数据采集、加工处理、公式算法、运营质检和发布等关键环节对公司数据产品发挥核心支持作用。

6.3.2　数据来源

中债估值中心持续丰富数据资源来源，夯实全域数据体系。在数据产品不断创新升级的同时，中债估值中心按照自主可控、安全高效的原则，通过数据外购和数据自研两种方式，不断拓展和丰富数据资源来源。外购方面，中债估值中心通过金融基础设施、境内外金融信息服务商等市场机构获取数据资源的采集、授权或服务，以年度、季度或工作量支付的形式获取数据资源。内研方面，中债估值中心通过自主建设数据智能采集平台系统获得公开数据资源，用于不断满足产品生产、研发创新等业务需求。

6.3.3　数据产品开发路径

经过多年数据行业积累沉淀，中债估值中心已经具备了数据全链路生产能力，建立了中国最完整、最连续的债券市场数据库，中国债券市场定价模型库，支持高效海量数据运算的算法库，以及一整套用于数据采集、计算分析和加工处理等覆盖数据生产全链条的计算机系统，包括数据采集、数据处理、建模平台、数据管理、存储系统等。中债估值中心通过自主建设数据智能采集平台系统，实现了对公开数据资源的自动化采集和处理。这些基础投入不仅提高了数据获取的效率和质量，还降低了数据获取的成本，从而为公司的数据产品提供了强大的技术支撑。

6.3.4　数据资产管理

经过多年建设和研发投入，中债估值中心形成了庞大的数据处理能力。截至 2024 年 6 月，中债估值中心计算系统实时处理每日发布估值类数据 15 万条，曲线数据近 3 700 条，指数数据 1 566 条。目前主要数据产品基本实现固收领域底层资产、客户双维度的覆盖，同时创新产品如 REIT、多资产等领域的数据也在不断突破。此外，中债估值中心还积极开展与金融机构、监管机构等的合作，共同推进数据共享和标准化工作。通过与合作伙伴的紧密合作，中债估值中心不断拓展数据资源来源和应用场景，为金融市场提供更加全面、准确、及时的数据服务。

6.4　中债估值中心的数据资产入表实践

前面我们着重梳理了中债估值中心的数据产品和服务、数据来源、业务模式等方面，本节我们讨论中债估值中心在数据资产入表方面的尝试。在第 3 章中我们提出了数据资产入表的四个关键步骤：梳理数据资源、确定数据权属、建立数据资产管理体系、完成数据资产会计计量和信息披露。在中债估值中心这个案例中，我们重点关注中债估值中心在建立数据资产管理体系方面的努力，以及在解决成本分摊方面的创新。为解决数据资产管理和成本分摊方面的行业难题，中债估值中心创新性地提出了"中债估值方案"，这个方案的核心在于"四大精益管理工具"和"三大合规财务原则"。

6.4.1　"四大精益管理工具"

中债估值中心提出的"四大精益管理工具"包括：成本对象界定工具、数据资源识别与计量工具、分摊规则设置工具、业务流程优化与集成工具。"四大精益管理工具"的应用实现了数据成本的精准追溯，有效解决了金融基础设施行业数据精益管理方面的难点，为行业树立了典范。

（1）成本对象界定工具：该工具的重点是数据产品的分级和分类。通过对数据产品准确、细致的分类，该工具能够帮助中债估值中心明确数据成本的对象物，实现数据成本精准追溯和资源分配。通过该工具的使用，企业能够清晰地了解每个数据产品的成本构成，避免不必要的成本浪费，为数据产品的定价和成本分摊提供科学依据。

（2）数据资源识别与计量工具：该工具的重点是识别数据资源的来源，即外购或自研。有些数据产品的数据来源既有外购，也有自研，这时需要准确确定不同数据来源的比例。该工具能帮助中债估值中心成功识别数据来源，并准确计量外购数据的采购成本，以及自研数据的开发成本，促进数据资源的高效利用与配置。通过该工具的使用，企业可以实现对数据资源成本的全面掌控，为后续成本分摊打下坚实基础，有利于保障分摊的准确性和公正性。

（3）分摊规则设置工具：该工具的重点是确定分摊规则。该工具帮助中债估值中心根据数据产品生产线的不同需求，灵活设置不同的分摊规则，比如直接追溯法或动因分配法。设置分摊规则不仅提高了成本分摊的准确性和合理性，还通过优化分摊规则，提高成本控制能力，降低生产成本，提高盈利能力。此外，事先设置好分摊规则还可以有效避免事后可能出现的矛盾。

（4）业务流程优化与集成工具：该工具的重点是将数据产品开发的各流程统一起来，优化产品开发流程。该工具能够帮助中债估值中心集成数据产品开发的全流程，实现成本动因指标在跨部门之间的高频同步和交互。该工具有助于优化业务流程，降低运营成本，通过实时了解成本动态，客观评价各部门成本业绩，推动整体管理水平提升。

6.4.2 "三大合规财务原则"

在实施"中债估值方案"的过程中，中债估值中心还提出了"三大合规财务原则"，包括：清晰界定数据资产显性化原则、明确金融数据资产确认标准原则、"两步法"分摊原则。这些原则的目标在于确保数据资产确认和成本分摊过程的合规性和有效性。

（1）清晰界定数据资产显性化原则：大多数数据资产是隐性存在的。中债估值中心主要借助管理会计报表工具，划分数据资源范围，推动数据资产显性化。参照会计"最小资产组"的概念，即最小产生现金流资产组合，对数据资产进行界定，便于企业更清晰地了解和管理数据资产。在数据成本管理过程中，中债估值中心通过对数据产品的成本进行精细化的核算和分析，确保每一笔投入都能带来相应的效益。同时，中债估值中心还不断优化资源配置，提高资源利用效率，实现成本效益的最大化。

（2）明确金融数据资产确认标准原则：面对金融高频数据价值随时间减损过快导致确认难的问题，中债估值中心提出，数据产品需要大量数据和模型研发投入，对原始数据进行处理，形成有意义的结果，本质上体现价值的是数据的标准化处理流程及工具。标准化工具、方法论、处理流程组成的"数据加工生产线"，具有明确的使用和交换价值，可带来长期利益流入，符合数据资产的确认条件。同时，中债估值中心严格遵守国家法律法规和监管的要求，确保数据成本管理的合规性。在数据采集、处理、分析和应用过程中，中债估值中心严格遵循相关法律法规和行业标准进行资产确认，确保数据资产的合法性、准确性和可靠性。同时，中债估值中心还建立了完善的风险管理机制，对潜在的数据资产风险进行及时识别、评估和应对。

（3）"两步法"分摊原则：面对数据价值消耗非显性、分摊难的特点，中债估值中心围绕核心数据产品全面梳理价值链条，分析不同数据产品背后算法和公式的相似性，在"公式血缘分析"等基础上，提出"作业消耗资源、产品消耗作业"的"两步法"成本归集分摊原则。"作业消耗资源"指特定计算或数据集成需要调用数据及消耗其他资源，因此首先把数据资源和其他成本分摊到作业层面。"产品消耗作业"指所有产品都可以看作是不同作业的组合产出，因此数据产品的最终成本由为生产该产品而消耗的不同作业的成本归总得到。"两步法"流程明确，并且符合行业特点及实操需求。此外，按照透明性原则，为确保数据成本管理的公开、透明和可追溯，公司建立了完善的数据成本管理制度和流程，明确各个环节的责任和权限。同时，公司还定期向内外部利益相关者披露数据成本管理的相关信息，接受监督和评价。

自实施"中债估值方案"以来，中债估值中心在数据资产成本管理方面取得了显著成效。通过精细化的数据成本管理和合规性的财务原则，中债估值中心不仅提高了数据产品的质量和效率，还降低了运营成本，提升了市场竞争力。作为金融基础设施行业的重要参与者之一，中债估值中心在数据资产成本管理方面的创新实践不仅提升了自身的竞争力和影响力，也为整个行业的发展做出了积极贡献。通过"中债估值方案"的实施，中债估值中心为金融市场提供了更加全面、准确、及时的数据服务支持，促进了金融市场的稳定和健康发展。

展望未来，中债估值中心将继续秉承初心使命，不断推动数据资产成本管理的创新和发展，公司将继续加强技术研发和人才培养力度，提高数据产品的质量和效率；同时加强与其他金融机构和监管机构的合作与交流，共同推进数据共享和标准化工作；此外还将积极探索新的业务模式和服务领域，为金融市场提供更加多元化、个性化的数据服务支持。

第7章
公用事业之"大数据"

7.1 "数据要素×"三年行动计划

2023 年年底，国家数据局牵头，联合中央网信办、科技部、工业和信息化部、中国人民银行、金融监管总局等其他十六个国家部委，印发了《"数据要素×"三年行动计划（2024—2026 年）》的通知，目标是激活数据要素潜能，发挥数据要素乘数效应，构建以数据为关键要素的数字经济，赋能经济社会发展。"数据要素×"三年行动计划具体提出了加强数据要素赋能的十二个重点行动方向（"数据要素×相关行业"）：工业制造、现代农业、商贸流通、交通运输、金融服务、科技创新、文化旅游、医疗健康、应急管理、气象服务、城市治理以及绿色低碳。行动计划的总体目标是用三年的时间，"打造 300 个以上示范性强、显示度高、带动性广的典型应用场景，涌现出一批成效明显的数据要素应用示范地区，培育一批创新能力强、成长性好的数据商和第三方专业服务机构，形成相对完善的数据产业生态，数据产品和服务质量效益明显提升，数据产业年均增速超过 20%，场内交易与场外交易协调发展，数据交易规模倍增，推动数据要素价值创造的新业态成为经济增长新动力，数据赋能经济提质增效作用更加凸显，成为高质量发展的重要驱动力量"。

"数据要素×"三年行动计划中提到的重点行动方向都是关系国计民生的基础产业。实际上，随着数字经济的发展和企业数字化转型的深化，国计民生基础产业的数据化和信息化早已在行动计划发布之前就深入开展了。比如水务、电力、燃气等，都不断在推进智能化水表、电表、燃气表的普及。在数字化和智能化的过程中，负责部署和运营的企业天然地积累了大量的数据，并借助大数据不断提升自身的管理水平和管理效率。同样的故事也发生在医疗和征信领域。数字化建设推动了行业数据资源汇聚，消费者的需求多样性又催生了诸多数据产品，使得数据切切实实融入我们日常衣食住行等方方面面，并逐渐扮演更重要的角色。

在这一章里，我们将重点关注国计民生基础产业中的公用事业。公用事业是指负责维持公共服务基础设施的事业，这些服务包括电力、供水、废物处理、污水处理、燃气供应、交通、通信等。我们将通过两个案例，来讨论大数据如何赋能公用事业这样的基础产业。

7.2　给基础设施设备发"身份证"：
重庆陆云大数据[①]

公用事业依赖基础设施设备，如水、电、气、消防、环保、户外广告、交通桥梁、照明设施设备、隧道、地下管网设施设备等。尽管基础设施设备遍布全国，但城市基础设施设备的密度要远远高于乡村。本节

---

① 本节内容由重庆陆云大数据有限公司提供。

介绍的案例的主角是重庆陆云大数据有限公司（以下简称"重庆陆云大数据"）。我们将结合目前城市基础设施管理现状与问题，围绕重庆陆云大数据所提供的电子身份标定服务，阐述生产生活基础数据如何有效汇聚、利用，并促进数据价值释放。

目前，许多城市的"基础设施设备"数据以及针对"基础设施设备"的管理都存在如下问题：

（1）"5 个不清晰"：包括数量不清、部署位置不清、状态不清、关联关系不清、真伪不清，致使基础设施设备运行品质难以保证，直接影响国家经济安全和人民生命财产安全，如图 7.1 所示。

图 7.1　5 个不清晰

（2）"1 个不到位"：指基础设施设备的"最后 1 米"业务的管理不到位，如巡检、维保等手段大多采用传统模式（或非物联网模式），难以知晓相关人员是否到达基础设施设备所在的现场执行任务，以及是否存在漏巡、漏记、漏统情况，如图 7.2 所示。

图 7.2　1 个不到位

（3）"1 个不一致"：指在基础设施设备的生命周期的各阶段（如生

产出厂、入库、出库、安装、验收、巡检、保养、维修、拆卸、报废等）属于不同机构，其数据资源管理信息系统（Management Information System，MIS）异构、孤立，致使基础设施设备的编号身份不能在其全生命周期中保持一致，如图 7.3 所示。

图 7.3　1 个不一致

此外，针对基础设施设备的管理，存在着数据真实性问题、公众投诉问题、国有资产管理问题。

（1）数据真实性问题：以供水、燃气行业为例，巡检维保到位率、准确率、回收率、证据有效率、产销差率等缺乏数据支撑，导致统计数据失准，直接影响管理和决策。

（2）公众投诉问题：以供水、燃气行业居民用水、用气为例，按传统管理方法，经常因错抄、违规估抄、开水关水不当、催费不当等，导致用户投诉相关企业。

（3）国有资产管理问题：由于对基础设施设备的真实数据掌握不足，存在账实不符、整改"拍脑袋"、问责缺乏依据等各种问题。

为解决上述基础设施设备数据和管理中存在的问题，重庆陆云大数据给出的解决方案是给每一个基础设施设备提供电子身份标定服务。我们日常使用的二代身份证就是一个典型的电子身份标定设备，通过身份证芯片里包含的个人信息，我们可以通过刷身份证的方式来乘坐高铁、飞机，进入博物馆、公园等，而无须再提供纸质凭证。因此，给每一个基础设施设备提供电子身份标定服务，就如同给每一个基础设施设备发放了它们专属的身份证。

电子身份标定服务综合应用了 RFID（Radio Frequency Identification，无线视频识别）电子标签相关技术（包括标签封装、物理绑定、逻辑绑定）、移动互联网、NFC（Near Field Communication，近场通信技术）、智能手持终端、卫星网络一体化定位、导航图文等技术，结合专业化的现场服务、数据服务以及管理系统服务，赋予每个设施设备唯一的电子身份。其中，RFID 是电子身份标定的关键技术。RFID 是一种无线通信技术，通过无线电波来读写储存在小型芯片上的数据。RFID 有两个构成部分：标牌和数据读写器。通过给基础设施设备安装带有芯片的标牌，我们就能利用 RFID 技术来辨识不同的基础设施设备并获取相关信息。RFID 属于物联网"Internet of Things"（IoT）的感知识别层，与传感技术一道，构成物联网的现实物理基础。RFID 技术早在 20 世纪 70 年代就已经被商业化，但直到最近几年才变得普及，原因在于读写和存储信息的技术有了巨大进步，同时对大数据的需求也与日俱增。图 7.4 展示了电子身份标定原理。

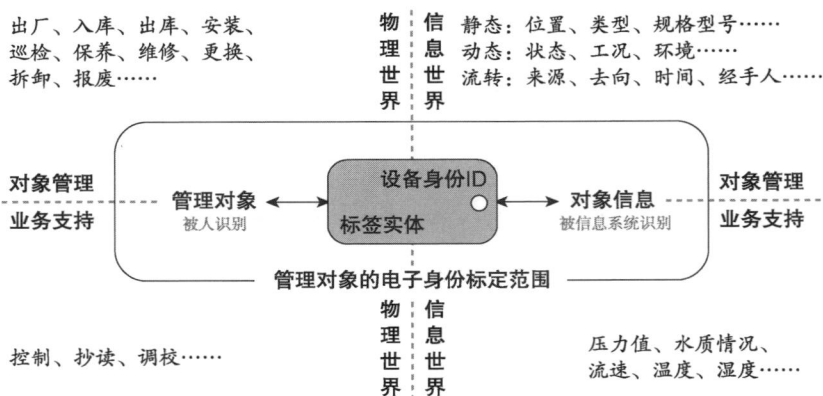

图 7.4　电子身份标定原理

电子身份标定是一项数据服务,通过它可以建立设施设备、设施设备电子身份与设施设备静态信息三者之间正确的一一对应关系,形成设施设备基于电子身份的静态信息数据库(含导航图文),让信息系统能够自行识别设施设备、跟踪设施设备的动态信息、共享设施设备的静态和动态信息,帮助城市基础设施设备的管理方解决长期以来存在的管理难题。具体来讲,采用电子身份标定、物联网、移动互联网、NFC、GPS定位、AI 图像识别等技术,基础设施管理者可以对"基础设施设备"的原始数据进行治理(包括数据校核、补充采集、分类分级),建立"基础设施设备"电子身份数据库,并在此基础上进行各项业务拓展,从根本上解决"基础设施设备"数据的"5 个不清晰、1 个不到位、1 个不一致"问题,以及管理上的"数据真实性、公众投诉、国有资产管理"问题。

电子身份标定服务是让"基础设施设备"数据管理从"户口本"时代进入"二代身份证"时代,用"二代身份证"体系管理人的方式管理"基础设施设备"的静态数据和动态数据,实现"基础设施设备"的全生命周期管理,如图 7.5 所示。通过电子身份标定服务来管理基础设施设备一般有三个步骤:①对每个基础设施设备进行电子身份标定;②采集基础设施设备的位置、型号等数据;③基于基础设施设备的电子身份进行作业。

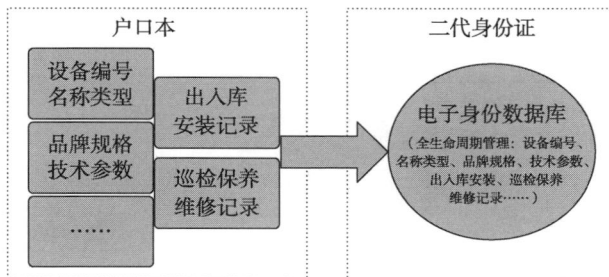

图 7.5　基础设施设备数据管理从"户口本"时代进入"二代身份证"时代

（1）对每个基础设施设备进行电子身份标定。

对基础设施设备的原始数据进行清洗，为基础设施设备逐一发放"身份证"（建立电子身份），校核原始台账数量，解决"数量不清、编号身份不一致、资产账实不符"的问题，如图 7.6 所示。

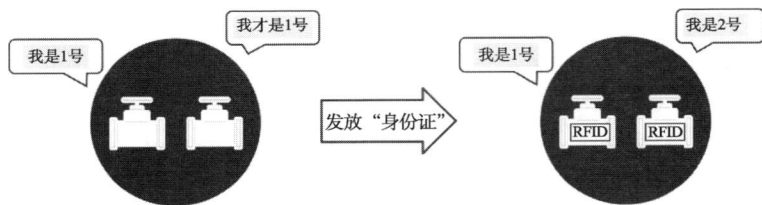

图 7.6　为基础设施设备逐一发放"身份证"

（2）采集基础设施设备的位置、型号等数据。

采集基础设施设备的 GPS 位置信息、现场图片、状态，校核现场实际规格型号、类型参数等，按不同维度、类型、法律法规要求、数据敏感程度，将各类数据分类分级，解决"部署位置不清、状态不清、关联关系不清、真伪不清"问题。

已标定的"基础设施设备"位置分布数据示例如图 7.7 所示。

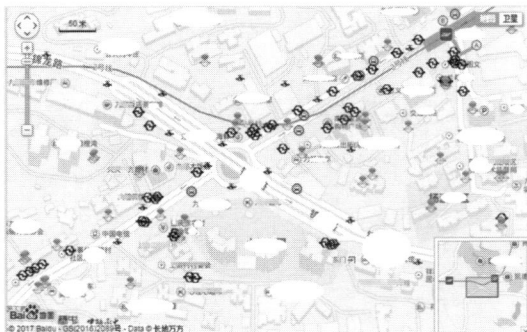

图 7.7　已标定的"基础设施设备"位置分布数据示例

导航图文示例如图 7.8 所示。

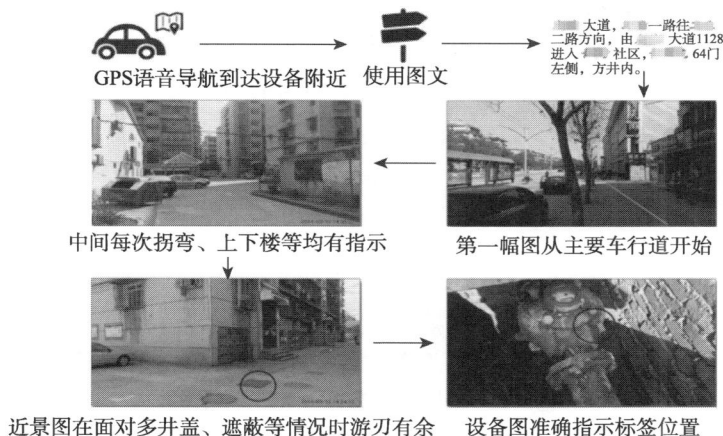

GPS语音导航到达设备附近　　使用图文

大道，███一路往███
二路方向，由███大道1128
进入███社区，███64门
左侧，方井内。

中间每次拐弯、上下楼等均有指示　　　第一幅图从主要车行道开始

近景图在面对多井盖、遮蔽等情况时游刃有余　　设备图准确指示标签位置

图 7.8　导航图文示例

（3）基于基础设施设备的电子身份进行作业。

基于清洗后的基础设施设备数据（发放身份证、校核数据后），采用 NFC，通过手机识别 RFID 电子标签后开展各项业务管理工作，解决"作业人员不到位、数据真实性"问题，从而在一定程度上避免供水、燃气行业漏抄、估抄、违规操作导致的公众投诉问题。

工作人员读取设备上的 RFID 电子标签后实施作业，如图 7.9 所示。

图 7.9　工作人员读取设备上的 RFID 电子标签后实施作业

读取电子标签后形成的工作轨迹如图 7.10 所示。

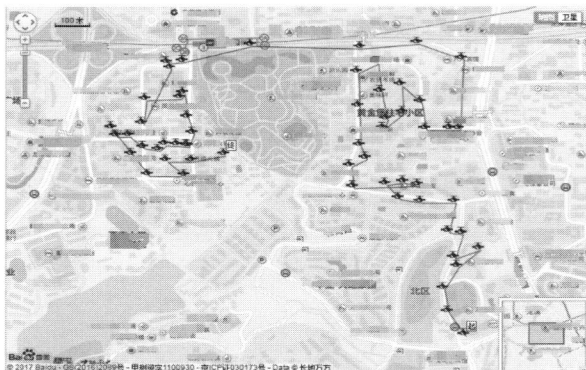

图 7.10　读取电子标签后形成的工作轨迹

7.3　"深水云脑"智慧水务新模式：
深圳市环境水务集团

这个案例也发生在公用事业里的供水领域，主角是深圳市环境水务集团有限公司（简称"深圳环水集团"）。"深水云脑"是深圳环水集团在2021 年推出的一个概念，旨在通过数字化创新推动水务行业的发展，探索智慧水务新模式。这个概念涉及利用大数据、人工智能等先进技术为水务行业赋能，解决水务行业在数字化转型过程中遇到的痛点和难点问题。"深水云脑"入选水利部"智慧水利优秀案例"、住房和城乡建设部"智慧水务典型案例"、工业和信息化部工业大数据实验室"2022 数据要素驱动企业数字化转型优秀案例"[①]。

---

① 林峰等，2023。

深圳环水集团是深圳市为适应"双区"(粤港澳大湾区和中国特色社会主义先行示范区)建设要求,提升城市供排水保障和水环境治理能力,在深圳水务集团基础上组建的市属国有全资控股集团。深圳环水集团的业务涵盖自来水生产和输配、污水收集处理和排放、水务投资和运营、水务设施设计和建设等领域。深圳环水集团以"打造国际一流水务与环境治理全产业链综合服务商"为目标,围绕城市水务"安全、便民、高效、绿色、经济、智慧"的发展要求,以"深水云脑"战略为引领,夯实水务数字化底座、打造"一网统管"运管平台、开展"五心"智能客户服务,开创城市供排水与水环境治理产、供、销、服、研、管等业务全链条数字化运行的智慧水务新模式。

7.3.1 转型阶段

深圳环水集团的业务数字化转型从 2018 年开始,计划到 2025 年实现全面数字化升级。具体来看,整个转型分为三个阶段。

1. 第一阶段(2018—2020 年)

深圳环水集团系统规划"1+4+N"智慧水务体系。其中,"1"是指建设一个水务大数据中心,"4"是指搭建综合调度、作业管理、线上服务、综合管控四大业务平台,"N"指推进 N 个信息化配套子系统建设。经过三年的智慧水务体系建设,集团基本完成信息化阶段建设任务,扎实、有序推进企业业务数字化转型。

2. 第二阶段(2021—2022 年)

深圳环水集团重新定义数字化转型模式,制定智慧水务升级版战略——"深水云脑",旨在将集团业务与新一代信息技术深度融合,形成可以触达各级业务单元的数字孪生智慧水务体系,具备全面感知、即时响应、智慧决策和智能运营的能力。"深水云脑"战略模型包含云原生底座、能力中心、应用平台三层架构，如图 7.11 所示。云原生底座是"深水云脑"基础层：以开放式云原生技术构建技术平台、服务平台和云原生操作系统取代传统的 IT 架构，促进建设、运营和管理资源的优化整合、配置。能力中心是"深水云脑"内核层：通过水务物联网平台、大数据中心、水务计算中台、业务中台智能协同，实现水务智慧化能力的衍生与复用。应用平台是"深水云脑"的外延层：面向决策、运营、客户服务、管理和产业创新端开展数字化应用。2022 年，深圳环水集团已完成"深水云脑1.0"建设，建成"云脑"管理门户和"一网通办""一网智管"体系，大幅提升运营管理效率，为全面打造数字孪生智慧水务体系奠定基础。

图 7.11　"深水云脑"战略模型

3. 第三阶段（2023—2025 年）

深圳环水集团推动 "深水云脑" 战略向纵深发展，通过完善云原生底座与能力中心建设，强化应用平台对业务的支撑作用，推进集团全业务数字化运营管理和智能化应用；通过 "水务＋工业互联网、产业互联网、消费互联网" 的 "三网融合"，构建能够自我管理、自我学习、自我提高的数字孪生智慧水务体系，实现集团业务全面数字化转型升级和创新发展。

7.3.2 转型目标

"深水云脑" 战略有四个重点数字化转型目标，分别是水务基础保障能力、水务安全保障水平、水厂运营以及水务客服。当两千多万名深圳居民和无数的到访者每天享受着清洁、可靠的供水服务和高效的污水处理服务时，他们当中的绝大多数不会知道这一切与大数据、云计算、人工智能等前沿技术的应用密不可分。

1. 夯实数字化底座，增强水务基础保障能力

深圳环水集团融合应用大数据、云计算、物联网、人工智能、5G 网络、CIM（City Information Modeling，城市信息模型）等技术来构建水务数字孪生基础平台，夯实水务数字化底座，全面支撑城市供排水系统安全、智能、高效运转。

1）打造数字云网底座

通过建设水务大数据中心、云计算中心和云资源管理平台，打造智能开放的数字云网底座，支撑云计算架构的开发、运维和服务，保障 "深水云脑" 各系统的稳定性。同时，利用深圳市 5G 新基建优势，建设 5G 水务专网，在各业务环节推广应用 5G 胶囊机器人、5G 便携式基站、"5G＋AI" 巡检机器人等技术装备，开展 5G 技术全场景应用

实践。集团"5G赋能城市水务高品质运营应用示范"项目荣获工业和信息化部主办的第五届"'绽放杯'5G应用大赛"全国总决赛一等奖。

2）构建全市域水务物联感知体系

构建水务物联网平台，统一全市域水务在线物联感知设备（智能水表和厂、站、网监测设备等）的接入方式、标准和运管要求，统筹归拢各类在线监测设备的数据采集，完善水务监测预警物联感知网络，提升供排水系统监测数据质量。目前，水务物联网平台已接入108万个物联感知终端，每天可提供2.67亿条业务数据。

3）深化数据智能应用

依托大数据中心构建AI能力中台，实现集团全业务多维数据统一汇聚、治理和应用。主办"'深水云脑杯'大数据分析大赛"和"'深水云脑杯'全国智慧水务数据创新大赛"，旨在吸引更多高精尖技术人才围绕水务数字化转型过程的痛点、难点、堵点问题，探索创新智慧水务新模式、新路径、新方法；加入工业和信息化部"工业大数据分析与集成应用重点实验室"，提升数字化技术研发和资源整合能力；自主研发智慧水厂智能运营管理、供排水智能调度、城市涉水事件智能识别等AI算法，逐步以机器智能替代传统的人工经验操作。

4）创建城市水务CIM应用体系

依托深圳市CIM（城市信息模型）平台，融合应用BIM（Building Information Modeling，建筑信息模型）、GIS（Geographic Information System，地理信息系统）、物联网等技术，创建国内首个城市水务CIM应用体系，可通过数字孪生场景，以BIM方式直观展示城市供排水管网、水厂运行、小区供排水系统等实时状态（图7.12），大幅提升水务运营管理效率。目前，深圳环水集团已有63座水厂、水质净化厂、泵站、引水工程等接入水务"一网统管"CIM平台，在建12座厂、站均采用BIM正向设计，将BIM应用逐渐向厂、站、网运维领域延伸。

图 7.12 城市供排水管网及附属设施（左）与水质净化厂（右）BIM 展示

2. 打造"一网统管"平台，提升水务安全保障水平

深圳环水集团创建"从源头到龙头"的直饮水数字化安全保障体系，创新应用"源、厂、网、河、湖、海"全要素一体化治污模式，构建数字化排水防涝系统，打造全场景应急监测预警指挥中枢"一网统管"平台，全面提升供水、排水、水环境治理一体化安全保障水平。

1）强化供水安全保障

深圳环水集团引入国际先进的 HACCP（Hazard Analysis and Critical Control Point，食品安全危害分析与关键控制点）管理体系，借鉴世界卫生组织 WSP（Water Safety Plan，水安全计划）全流程风险评估与管控方法，对自来水水质安全风险实行"从源头到龙头"的闭环管控；以"一键应急"智能管控模式，提高水质问题、停水事件等应急处置效率；创建二供泵房管控、应急供水调度、直饮驿站等特色水务示范场景，多维度保障水质安全。

2）创新全要素水污染治理模式

针对传统排水系统粗放式、碎片化等管理痛点，深圳环水集团将"源、厂、网、河、湖、海"全要素一体化治污模式与数字化技术有机融合，构建"排水 + 水环境治理"数字化系统，实现全流域水质实时动态监测、全链条闭环管理、全场景智能分析、全要素污涝数据共享和协同共治，可对深圳河湾流域上百个断面、上千个排口、70 多个厂站、2 万多千米排水管渠及 9 000 多个小区排水口实施精准化管理。2022 年，深圳河口断面水质国家级考核均值达到地表水Ⅳ类标准，创历史最好纪录，深圳环水集团荣获市政府"治污保洁特别奖"和"优秀项目奖"，其水环境治理模式被多个城市复制推广。

3）构建数字化排水防涝系统

深圳环水集团构建数字化排水防涝系统，共接入雨情、水情、工情、险情等监测终端 4 500 多个（组）、视频监测终端 7 000 多个（组），通过气象自动预警、内涝风险预测、自动派单值守及零距离沉浸式现场指挥，实现人、车、物、泵、闸等主体的高效联动响应，大幅缩短了积水退水时间，确保城区不发生雨水内涝。

4）建设运营管理指挥中枢

深圳环水集团以"统分结合、平战结合、智能运管"的理念，建设"一网统管、一键应急"的运营管理指挥中枢；应用物联感知、CIM、BIM、GIS 等技术，对全市供排水管网系统进行数字建模，织就全市供排水智能监测预警网络，可及时侦测预警压力波动、积水漫溢、水质异常等风险，实现对全市供排水系统 24 小时实时监管、动态分析、智能预警和智能调度，供排水系统运行突发事件大幅减少。

3. 建设智慧水厂，提升运营质效

数字化转型之前，水厂运营存在管理模式粗放、过程管理不够精细、智能化控制水平不高，以及管网外勤作业监管不到位、处置不及时、操作不规范、人效低等各种问题。针对这些问题，深圳环水集团提出以数字化手段倒逼运营管理模式转型,达到提质增效的目标。数字化转型的两个具体方向是建设智慧水厂和构建规范、高效的外勤管理体系。

1)建设少人/无人智慧水厂

深圳环水集团通过构建厂站数字孪生系统及智能"工艺大脑",实现曝气、加药、除磷、碳源投加、内回流、污泥排放等全流程智能化工艺联动控制,建设少人/无人智慧水厂;通过远程视频巡检自定义巡检路线和频率,提高巡检效率;应用 AR/VR 技术快速诊断设备故障。目前,集团已建成 32 座智慧水厂/水质净化厂,以少人值守、集中管控模式,实现生产全流程自动化控制、运维数字化管理、资产全生命周期管理、安全一体化管控,人均生产效率大幅提升。其中,洪湖水质净化厂打造成为国内首座全地下式 5G 智慧水质净化厂,数据采集率达 100%,预测报警准确率达 97%,生产及巡检维护效率提升 20% 以上,综合生产成本下降 8%。

2)构建规范、高效的外勤管理体系

深圳环水集团基于工作流管理模式,发挥水务 CIM 应用体系及 GIS 技术在空间数据展现与分析方面的优势,以工单管控为核心,以提升效率为导向,构建集约化管理与智能化调度相结合的外业管理数字化平台,统一管理、监控、调度、考核所有外业工单和人员,对外勤作业实施"四监管"与"四覆盖",即监管进程、监管人员、监管作业、监管质量和覆盖巡查、覆盖问题、覆盖计划、覆盖全局;以智能抢单、全过程监控、标准化作业,改变了过去的"大锅饭"管理方式,有效激发了员工的主观能动性,大幅提高了管网维修、抢修效率和精细化管理水平。平台上线以来,接单时效性、有效接单率、反馈及时性、工单分发合理性、到场及时率、工单完成及时率等业务指标都有较大幅度提高,其中到场及

时率由平台上线之初的 50% 左右跃升至 99%，工单完成及时率由 93%
提升至 98%。

4. 打造"五心"智能客服，营造良好水务营商环境

依托"深水云脑"线上服务平台，深圳环水集团打造智能客服模式，
由被动服务向主动服务、单一服务向多元服务转变，以用心、放心、舒
心、省心、贴心的"五心服务"，营造良好的水务营商环境。

1）提供全业务在线服务

针对自助服务少、服务渠道不互通、服务过程不可追踪等问题，深
圳环水集团建设行业首个全渠道服务中台，"用心"为用户提供主动式、
全程全时、方便快捷的供排水服务。通过集团网上营业厅、微信公众号、
24 小时服务热线及"i 深圳"政务服务 App 等多种渠道，搭建全方位、
一体化的线上服务平台，用户足不出户即可办理各项业务，让用户"省
心"；在全市投放 64 台自主研发的自助服务智能终端，分流了 97% 的线
下业务量，关闭一半实体营业厅，大幅降低了运营管理成本。

2）全面提升服务智能化水平

深圳环水集团依托"深水云脑"智能客服能力中心，全面推广文本
机器人、语音机器人、辅助小秘书等智能应用，线上渠道、营业厅窗口
等业务的人机协同服务更高效，文本机器人应答成功率达 90%，客服热
线语音机器人高频咨询业务解决率达 70%，用户体验更"舒心"，用户满
意度大幅提升。

3）营造惠民惠企的营商环境

深圳环水集团推行建设项目用水接入零申请、零跑腿、零材料，以
及小型低风险社会投资工程用水接入客户零投资的"四零"服务；落实
政府助企纾困政策，推出欠费不停水、减免欠费违约金等惠企惠民举措，

疫情期间共补贴困难企业水费 7 587 万元；简化不动产过户联办业务，实行垃圾处理费、污水处理费票据电子化办理、一户多人口用水定额调整业务一站式申请。在 2020—2021 年全国优化营商环境测评中，深圳环水集团位列全国第一。

4）打造主动服务的"数字小区"

近年来，深圳环水集团持续开展"供排水管理进小区"活动，打通供排水服务"最后一公里"。开展"数字小区"试点，依托智能水表，强化小区输水管网漏损管理，让用户"放心"；深入开展针对特殊群体的水务特色服务，如联合罗湖区政府试点独居老人智慧用水监测服务，通过智能水表远程监测独居老人用水动态，遇突发事件导致用水异常时，第一时间向所在社区报警，保障独居老人的用水安全，体现了对用户的"贴心"。

第8章
交通出行之"大数据"

8.1 天生大数据

　　交通出行是天然产生大数据的领域。以大家最为熟悉的汽车为例，截至 2023 年年底，中国的汽车保有量为 3.36 亿辆，全国每年汽车产量超过 3 000 万辆，其中约 2 500 万辆在国内销售。到 2023 年年底，全国公路总里程约为 544.1 万公里，其中高速公路 18.4 万公里，高速公路总里程位居世界第一。根据官方数据，2023 年 1 至 11 月，中国高速公路汽车流量达到了 114.79 亿辆，同比增长了 30.06%。其中，9 座及以下小客车的流量为 89.23 亿辆，同比增长了 37.6%。每年春运是高速公路车流量最大的时候。2023 年春节假期期间，全国高速公路的日均流量达到了 4 500 万辆，同比 2022 年增长了 32%。2024 年春节假期期间，全国高速公路日均流量约为 5 030 万辆，较 2023 年春节同期日均增长 11.6% 左右。其中日流量最高的一天出现在 2024 年 2 月 17 日（正月初八，春节假期的最后一天），估计当日高速流量达到了 6 250 万辆左右。换句话说，当天全国几乎每 5 辆车中就有一辆行驶在某条高速公路上。

除客运外，货运也是高速公路车流量的重要来源。据相关数据，2022年货运车辆在高速公路行驶里程占所有运输道路类型行驶里程的48.40%，较 2021 年的 42.85% 有显著增长。随着全国高速公路网的逐步完善，公路货运对铁路货运形成巨大冲击。尤其是在 1 000 公里以内的运输中，公路货运相对铁路货运具有不小的综合优势，在时效性方面的优势尤为突出。根据交通运输部发布的《2022 年交通运输行业发展统计公报》，全国货运公路占 73.3%，水路占 16.9%，铁路占 9.8%，货运公路占比如此之高恐怕超过大多数人的想象。

每日海量的车流量数据、行驶里程数据、公路缴费数据等蕴含着巨大的价值。这些数据除了可以帮助交通管理部门及时了解交通状况、疏散交通拥堵，还可以帮助交通规划部门优化路网布局、合理配置资源。此外，交通数据还有很多其他的用途，比如可以帮助物流企业提升运输效率，帮助保险公司制定差异化的定价模式，帮助征信部门更好地评估企业和个人的信用风险，甚至帮助高速管理部门更有效地杜绝高速逃费的现象。如何搜集、清洗、处理这些交通出行领域的大数据，让这些大数据为各行各业赋能，是上海金润联汇数字科技有限公司（简称"金润数科"）全力在做的事情，这是我们本章要讨论的第一个案例。

随着人工智能技术、以 5G 为代表的通信技术，以及实时路况大数据等技术的进步，人类在技术层面上离无人驾驶这个过去科幻小说里的情节越来越近了。国内的公司中以百度、华为、阿里巴巴、小鹏汽车、上汽集团等为代表的科技公司和车企已经在无人驾驶领域深耕多年，积累了很多先进的技术和经验。据称，新推出的小米汽车也采用了先进的传感器、雷达和算法，拥有 L4 级别的无人驾驶功能。国外的公司中，谷歌和特斯拉是无人驾驶领域的巨头。比如 2024 年使用谷歌的无人驾驶技术（Waymo）的汽车已经在亚利桑那州的凤凰城地区为乘客提供有偿运输服务。特斯拉的 FSD（Full Self-Driving）技术是特斯拉汽车的核心竞争力之一，其意思是全自动驾驶，代表了特斯拉在无人驾驶领域的雄心壮志。

发展无人驾驶技术需要了解无人驾驶技术在面对各种路况时可能做出的应对，但又不可能把大量不成熟的无人驾驶汽车投放到实际交通中，这就需要高质量的仿真测试系统。仿真测试系统不仅能够准确地模拟实际驾驶时可能会面临的各种突发状况，还可以创造一些没有出现过的场景来考察无人驾驶系统的反应。因此，通过仿真测试是自动驾驶技术进入传统道路测试前必须完成的步骤。本章要讨论的第二个案例苏州智行众维智能科技有限公司（简称"IAE 智行众维"），正是仿真测试领域的技术引领者。

8.2　交通大数据的创新应用：金润数科

金润数科是一家成立于 2013 年的高新技术企业，深耕交通行业，在交通行业有着显著的业务布局，提供了包含数据运营、数字底座建设的交通数字化转型升级综合解决方案。金润数科融合人、车、路、企等多维数据，运用区块链、隐私计算等前沿技术深挖数据价值，打造了一个交通行业的可信数据要素流通空间，促进了数据要素的可信流通和价值流转，推进了交通行业数实融合深化发展①。

金润数科是国家高新技术企业、上海市专精特新企业，拥有 60 多个软件著作权，6 项专利和十余个注册商标，通过 ISO 体系认证、公安部等保三级认证和 DCMM 数据管理成熟度认证。2023 年，金润数科参与

---

① 内容来自金润数科的副总裁赵星星。

编写了《"上海数据"认证要求》团体标准，荣获首届全国数商大赛一等奖，成为"上海数据"首批认证企业和上海数据交易所首家数据产品开发服务商。金润数科是上海数商协会理事单位，与上海数据交易所、复旦大学管理学院建立了良好的战略合作伙伴关系，并与上海数据交易所共建了"上海数据交易所公路交通数据行业创新中心"，以期共同推进数据要素的流通和价值实现。金润数科下属三家全资子公司，分别是金润保理、金润征信、大连金润二当家石油化工。

金润数科旗下全资子公司"金润保理"深耕高速场景，2014 年在全国首创货车 ETC 记账卡先通行后付费保理模式，目前与 10 余个省份的 ETC 发行方共建 ETC 综合服务平台，累计为 1 万余家货运企业、50 余万货车司机、100 余万辆车提供超过 600 亿元的 ETC 先通行后付费服务。金润保理荣获首届商业保理行业创新奖、2022 年度上海金融创新奖、2022 年服务小微奖，参编中物联《公路货运企业融资能力评价指标》和上海市地方标准《商业保理服务合同规范》。金润保理是场景应用的创新者和数据价值的验证者，通过数据赋能，长期持续深耕于公路货运行业的普惠金融业务，为行业降低融资成本、提升业务运行效率贡献金润力量。

金润数科旗下全资子公司"金润征信"致力于数据应用场景和场内外数据交易体系的构建，目前已与多个交通主管部门开展交通数据联合价值运营。金润征信是上海数据交易所首批数商，并被上海数据交易所列为首批数据资产入表试点单位。金润征信 2021 年 7 月被列入上海市征信机构发展名录，截至 2024 年 4 月底，金润征信上架数据产品超 200 个，累计调用量超 1 亿次，数据产品被广泛应用于保险、银行、融资租赁、交通及物流等领域，是数据要素流通交易的践行者和数据产品的运营服务商，通过开拓典型应用场景促进数据要素的价值变现。

8.2.1　金润数科大数据应用场景

金润数科以交通数据为基础，融合司法、工商、税务、汽车、运营商、电力等其他领域的数据要素，构建了覆盖金融、保险、物流、交通等行业的数据产品，并支撑了对应的场景化应用。我们将从融资、保险、物流和收费四个场景来观察金润数科是怎样利用交通大数据创造价值的。

1. 银行、消费金融等融资场景应用

金润数科以路网运行监测数据为基础，秉承原始数据不出域的原则，综合考虑公路货运行业中小微企业多、个体工商户多，信用评价体系不完善，融资难、融资贵等现实情况，首创了融合主体信用、通行行为信用、资产信用为一体的"三信合一"信用评价体系。金融机构在传统的授信业务中主要考虑信用主体的主体信用，以授信主体在人民银行征信体系内的借贷信用状况为判断基础。公路货运行业的参与主体大多是低学历的农村客群，与金融机构之间发生金融交易的可能性和频次均较低。按照金融机构的传统授信逻辑，他们的主体信用积累自然也就较少，导致他们很难从金融机构获得信贷或得不到足够的信贷支持。

通行行为信用指通过通行行为数据来推断贷款人的信用情况。基于高速路网运行监测数据，我们能够从侧面了解、推断从事公路货运的个体工商户或中小微企业的运力和经营情况，为解决公路货运参与主体普遍存在的主体信用不足这一困境提供了新的思路。例如，货运车辆每一次上高速时都需要强制称重，通过称重能够掌握车辆当次的货运饱和度情况，是否拉货、拉了多少货等；通过车辆在一段时间内上下高速的频次以及上下高速的站点分析，可以识别该辆车的货运稳定度情况，从而一定程度上反映出其经营的稳定度。同时，高速通行费用和油费是货运车辆在运输过程中的主要成本，结合通行里程、通行费用，可以较为精准地识别货运车辆的经营成本，加之载货量辅助识别其经营收入，从而能较全面地判断公路货运车辆的经营情况。因此，通行行为数据可以为金融机构的授信提供决策参考。

资产信用层面。不同于乘用车，公路货运车辆具备经营属性，可以结合车辆本身的静态特征和通行里程等动态信息来考量车辆可持续经营的时间以及价值，这又为金融机构的授信决定提供了新的抵押品相关信息。同时，人车关系核验、ETC 逾期次数、ETC 逾期天数和 ETC 逾期状态等为金融机构核验车辆的归属权、借款人的信用历史以进行欺诈识别提供了依据。名下车产查询也能够辅助金融机构判断授信主体的资产状况，用于风控、营销、理财等场景。

2. 保险差异化服务

车辆保险精准定价的核心考察要素有两个：车辆的行驶里程及车辆过去一段时间内的高危驾驶行为，包括超速、超载、疲劳驾驶等等。交通大数据能有效帮助保险公司从投保到赔付的全过程降低风险、提升效率。基于高速路网运行数据，保险公司对货运车辆及部分客车的这些动态特征能够有较好的刻画，从而支撑保前高风险车辆的识别，有利于保险公司控制风险。在保中阶段，如果保险公司掌握这些数据，就能够对高风险车辆的运行情况进行预警，降低赔付率。当车辆在高速公路上出险时，事故车辆必须在下高速后进行报案和保险勘查，这一定程度上增加了保险公司理赔的难度。通过高速路网运行数据，能够有效甄别出险地点和时间是否与报案人描述的一致，最大限度地支撑保险公司进行保后理赔回溯和欺诈识别。

3. 物流场景化服务

交通大数据可以帮助物流企业规划最优路径、提升车队运力的综合管理能力。路径规划方面，物流企业可以依托 GIS 信息，结合车辆大数据，对不同车型在不同路况上的油耗进行预测，再融合高速公路差异化收费信息以及路况信息，能够最大限度地估算因路径选择差异而导致的成本差异，从而优化路径选择。

车队运力综合管理方面，当车辆载货运往目的地后，往往会遇到空车返回的情况。为辅助物流企业进行有效的运力管理，基于高速站点的货源饱和度分析，能够辅助判断某个高速站点附近货源是否充足。基于物流线路沿线的站点分析，帮助物流企业识别出哪些站点货源充足，哪些站点附近没有货，从而在返程寻找货源时能够做到有的放矢、事半功倍。

此外，我国对网络货运平台监管的一个重点在于防止虚开增值税发票，因此对平台承载的运单需要进行真实性核验，结合高速轨迹能够有效地判别运单是否真实发生。此外，高速路网运行数据对于识别挂靠车辆、判断物流/车队的经营和运力情况、辅助进行车辆管理等均有较大的应用价值。

4. 高速收费场景化服务

从 2020 年开始，我国高速公路拆除了省界收费站，实行"一次收费、一张网运行"的重大举措。这项改革在简化高速收费流程的同时，偷逃高速公路通行费的情况也有所增加。打击逃费稽核模型通过分析车辆实际交易数据、牌识数据、北斗轨迹行程数据等，可以还原车辆高速实际行驶路径，分析漏缴流水与逃费流水，构建逃费分析模型，筛选出不同类型嫌疑逃费流水，包括改变车型、改变路径等多种偷逃费嫌疑行为，辅助实现了场景化、智能化的高速偷逃费识别机制。

2021 年 6 月交通部、发改委和财政部联合印发《全面推广高速公路差异化收费实施方案》(以下简称《实施方案》)的通知,以进一步提高高速公路网通信效率和服务水平,促进物流降本增效。金润数科基于交通大数据打造的差异化收费引流模型为落实《实施方案》、提升高速路网运行和服务通行体验方面提供了技术支撑。差异化收费方案主要包括分路段差异化收费、分车型(类)差异化收费、分时段差异化收费、分收入口差异化收费、分方向差异化收费、分支付方式差异化收费等多项方案。举个例子,比如从 A 城到 B 城有两条高速公路,高速一的路程较短,但车辆多,经常堵车;高速二的路程较长,但车流少。如果运用金润数科设计的差异化收费引流模型,给予高速二通行车辆更多的通行费折扣优惠,可以吸引更多的车辆走高速二。结果是高速二的整体收入增加了,同时车主支付更少的通行费,还有非常好的通行体验,达到提升交通效率和高速公路资源利用率的目标。

8.2.2 金润数科的数据科技体系

数据科技是支撑构建数据要素市场、推进数据要素市场化发展的底层技术支撑。金润科技在数据科技领域的工作主要集中在两个层面,一是支持数据资源持有者构建丰富的数据产品体系,二是解决数据要素流通过程中的数据安全问题。

1. 数据资源化与资源产品化

金润数科数据要素化的实践过程分为三个阶段:数据资源化、资源产品化以及产品资产化,这也是完整的数据要素赋能和价值实现过程。数据资源化集中在对信息化系统中未来可能产生价值的数据进行汇聚、融合和初次加工,形成可被进一步分析应用的数据资源目录和数据标签体系。资源产品化则是指以特定业务场景为目标，对数据资源进行二次加工，注入知识体系和创新性劳动，形成可被场景直接使用以辅助决策的数据产品，进而提升产业的数字化水平。产品资产化则是数据产品被确认为数据资产并计入财务报表的过程。这里我们重点讨论数据资源化和资源产品化。

（1）数据资源化：数据资源化的第一步是梳理数据。并非所有的数据都可以被称作数据要素、都具备流通的价值。作为生产要素的根本属性在于能够对生产方式、生活方式和治理方式产生作用，推动其发生变革。面对纷繁庞杂的数据体系，以应用为导向，首先需要对可被开发利用的数据资源进行价值梳理，判断其在行业内赋能以及跨界赋能方面的应用价值。根据前面分析的数据应用场景，ETC 交易数据、高速路网运行监测数据等都属于能被开发利用并蕴含巨大经济价值的数据资源。

（2）资源产品化：金润数科聚焦业务场景，探索数据指标体系构建，并在此基础上探索数据产品体系和数据咨询服务体系的建设。以基础数据资源不离开安全域为前提，对数据资源、数据指标进行二次加工，构建丰富多元的数据产品体系，进行行业赋能和跨界赋能，并完成在上海数据交易所的合规认定、产品确权和挂牌交易。

2. 数据安全保障

《中华人民共和国网络安全法》《中华人民共和国个人信息保护法》《中华人民共和国数据安全法》是我国数据安全领域的三大顶层设计。数据要素化的安全要求在于保障数据要素流通过程中的个人信息和重要数据的安全，保障数据持有者对数据的持有权不会被侵犯，管控数据要素的流通过程。过往的数据安全体系更注重于网络安全防火墙的建设和数据库安全体系的建设，即防止数据被窃取和盗用，在数据要素流通领域的投入则较少。解决数据要素流通领域安全性的关键是建立可信数据要素流通空间，在保障数据权益的基础上构建一个安全、高效、开放、协同的数据生态系统，实现数据价值可信流转，同时保障数据安全和隐私安全，实现数据要素流通的可信、可管、可控、可计量与可审计。

金润数科自主研发的数据空间——金安数据空间，为解决数据要素流通领域里的安全问题提供了一个解决方案。数据空间是去中心化的分布式数据流通基础设施。金安数据空间的底层技术中包含了区块链和隐私计算，区块链用以完成跨域身份认证以及去中心化信任体系的构建，隐私计算则融合了差分隐私、合成数据、安全多方计算、同态加密等数据跨域安全计算机制，实现原始数据不出域、数据可用不可见。图 8.1 演示了金安数据空间的运行模式。

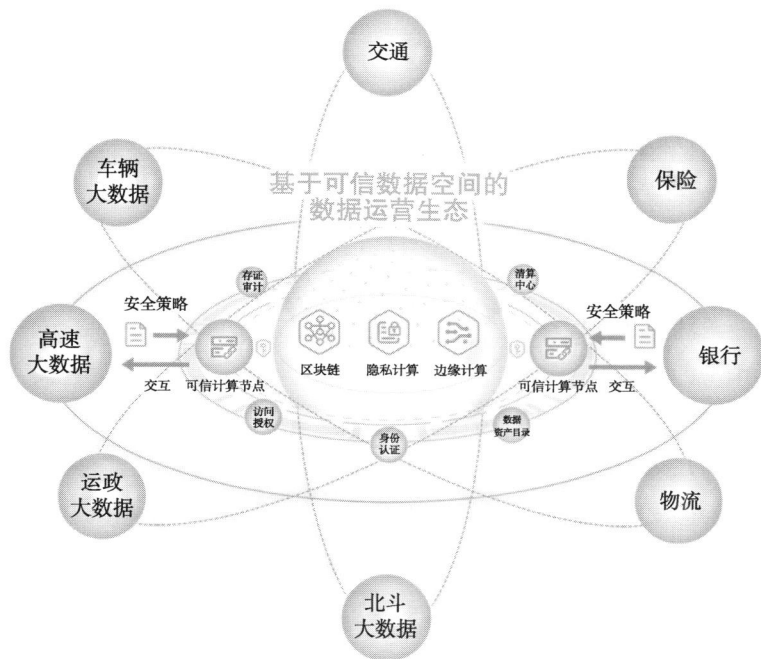

图 8.1　金安数据空间的运行模式

金安数据空间的核心在于让数据资源持有者能够管理和控制自己持有的这些数据要素的流通方式,辅助其管控数据要素流通的过程。同时,数据运营生态体系中的各参与方能够在统一架构标准下实现互联,促进数据要素的价值流转。金润数科在数据要素流通过程中提供基础技术解决方案。依托金安数据空间,可将分散在各数据资源持有者手中的数据要素链接起来,形成一个完整生态,从持有方到消费方,从提供方到平台交易方,结合技术支撑方,最终构建一个真正安全可控的数据空间。

8.3 "水木灵境"场景工场:IAE 智行众维

IAE 智行众维是智能网联仿真测试领域的专业服务商,成立于 2018 年 12 月,总部位于苏州,在国内和欧洲设有技术研发中心。IAE 智行众维致力于打造先进的智能网联仿真测试技术体系和全栈式解决方案。智能网联汽车融合了现代通信和网络技术,使得车辆能够与其他车辆、交通基础设施以及云端服务实现信息共享和协同控制。智能网联汽车以自动驾驶技术为核心,其技术的发展对于提高道路安全、减少交通拥堵、降低能源消耗和减轻环境污染具有重要意义。

中国的智能网联汽车行业正处在快速发展期。市场规模方面,中国智能网联汽车市场规模在 2023 年达到约 1 613 亿元,近五年的年均复合增长率为 26.20%。预计到 2024 年,市场规模将进一步增长至 2 152 亿元。这表明智能网联汽车行业在中国有着巨大的市场潜力和增长空间。在蓬勃发展的同时,国内的智能网联汽车行业也面临着许多挑战。根据中国汽车工程学会、国家智能网联汽车创新中心共同发布的《智能网联汽车蓝皮书:中国智能网联汽车产业发展报告(2021)》,我国的智能网联汽车行业在顶层设计、关键技术、跨界融合、示范应用和安全保障五方面面临挑战。报告特别提到在关键技术中的仿真测试领域，我国与世界最先进水平还有一些差距。车辆自动驾驶的级别越高，仿真测试需要覆盖的场景越丰富复杂，而国内智能网联汽车行业正面临着数据体量不足、数据孤岛现象严重、数据价值难以变现等诸多挑战和问题。为了解决这些问题，IAE 智行众维综合应用 AI、数字孪生和大数据等技术，自主研发建设"水木灵境"场景工场（仿真场景数据库），通过对智能网联数据采集、挖掘分析、合规治理和仿真场景数据开发，服务于自动驾驶算法训练、仿真测试验证和智能网联汽车准入及运营监管。场景工场创新发展了智能网联数据的技术应用和商业化模式，加快了智能网联数据价值释放，是探索"车路云数"体系商业化的成功路径之一①。

8.3.1　建设"水木灵境"场景工场，打造智能网联汽车应用数据底座

1. 优化智能网联汽车场景数据生产流程

"水木灵境"场景工场是 IAE 智行众维开发的一项核心技术体系，为行业提供仿真场景的大规模生产及跨算法、跨车型、跨平台、跨企业的应用服务数据底座和解决方案及 SaaS 服务。"水木灵境"场景工场基于智能网联汽车行业的相关法规和标准，以及在车端、路侧感知设备采集的海量真实道路交通数据和交通行为特征数据，综合应用大数据、人工智能和数字孪生等技术，形成场景数据采集、分析挖掘、合规治理、批量化生产及质量控制的完整流程和自动化工具链，实现仿真场景应用数据的大规模、多平台、高质量生产，服务于自动驾驶的算法训练和仿真测试。图 8.2 展示了"水木灵境"场景工场的架构和用途。

_____

① 部分来自苏州智行众维智能科技有限公司总经理安宏伟等。

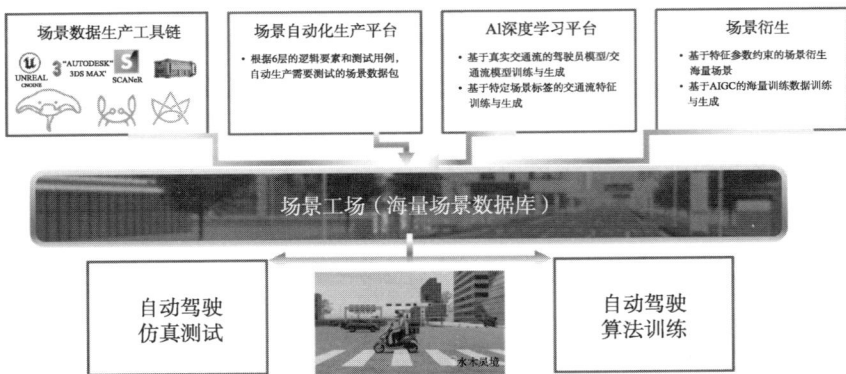

图 8.2 "水木灵境"场景工场的架构和用途

2022 年，IAE 智行众维自主研发 DeepOcean.AI 软件工具平台，专注于提升数据处理和场景生产的自动化能力，为"水木灵境"场景工场数据生产流程优化提供了技术支持。DeepOcean.AI 软件工具平台能够对"水木灵境"采集的场景原始数据进行自动化整合、脱敏、清洗治理，对从车辆、智慧路口等采集到的动态目标轨迹数据进行自动化轨迹平滑、目标物合并、无效目标删除以及缺失数据帧补齐等处理，大幅减少仿真场景生产过程的人工参与，提高场景数据生产效率和有效数据在整体采集数据中的占比。

场景工场场景数据的生产过程综合考量智能网联汽车技术要求、行业规范和道路基础地理数据规范等因素，覆盖数据治理、场景搭建、场景质检、场景有效性验证、场景发布及维护等多个环节，形成一套完善、科学的场景数据生产流程，领跑仿真场景工艺高标准。场景数据在发布前，需经过 2 道（生产数据输入前的数据预处理检查、数据出品前的场景闭环测试）3 级（自查、互查、抽查）检测流程，任何一个检测环节出现问题，都将在问题修复后按相关流程重新检测验证。通过严格把控质检流程并建立明确的质量文档，场景成果的质量和可靠性可以得到保证。先进的生产流程保障了"水木灵境"场景工场数据质量的可靠性，为智能网联汽车提供了国际领先的仿真场景数据库及 SaaS 化数据服务，成为自动驾驶算法训练、仿真测试和评价的核心支撑要素。

2. 打造全球规模最大的智能网联汽车仿真场景数据库

为解决智能网联汽车场景数据量不足的问题，"水木灵境"场景工场致力于建设广覆盖、高精度、高置信度、高通用性的仿真场景数据库，除了静态场景，还可提供七大类动态仿真场景数据。目前场景工场已构建数万组实际可用的自动驾驶仿真场景，涵盖自然驾驶、交规、法规标准、交通事故复现、功能安全及预期功能安全、V2X 等各类场景；国内外超过 1 000 千米的全 3D 数字孪生仿真场景，覆盖苏州、上海、重庆、长春、广州、巴黎、柏林等地，可以满足 L1～L5 级别自动驾驶仿真测试的要求。表 8.1 列示了"水木灵境"场景工场可以提供的仿真场景数据。

表 8.1　"水木灵境"场景工场数据库

场景类型	场景说明	场景规模
静态场景	真实城市道路/高速道路场景：包含城市道路、高速公路、封闭道路、停车场等；根据路采数据，搭建高精度真实道路场景，1∶1 还原真实道路环境，已覆盖苏州、上海、重庆、长春、广州、巴黎、柏林等国内外城市	1 200 千米
	非结构化道路场景：根据场地图纸、视频等材料，搭建非结构化道路场景（农田、矿区、港口等）	74 万平方米
ADAS 测试场景	法规场景：包含现有法规、标准对自动驾驶功能所规定的测试场景，覆盖 EuroNCAP、C-NCAP、ISO、GB 等国内外多个机构提出的汽车行业测试规程	3 000 组
	自定义场景：以 ADAS 功能定义及其操作域设计为基础构建的功能测试工况等	

续表

场景类型	场景说明	场景规模
ADS 测试场景	城市道路测试场景：根据中国交通规则、自动驾驶路段测试标准等，覆盖城市道路常见的七大类场景工况（跟随场景、切入切出场景、横向偏移场景、横穿场景、路口场景、障碍物场景、特殊场景），涵盖自动驾驶技术的感知、规划和控制三大系统	1 000 组
	高速公路测试场景：针对 HWP 功能测试，构建单车道驾驶功能测试场景、指令换道功能测试场景、主动换道功能测试场景及边界测试场景	500 组
CIDAS 交通事故场景	以 CIDAS（China In-Depth Accident Study，中国交通事故深入研究项目）数据为依据，在仿真环境下重构高精度事故工况	2 000 组
预期功能安全（SOTIF）场景	基于自动驾驶安全国际标准《ISO 21448 道路车辆预期功能安全：2022》，构建智能驾驶系统因功能局限、算法缺陷及异常环境等问题引发的功能安全测试场景	1 000 组
V2X 场景	基于《合作式智能运输系统车用通信系统应用层及应用数据交互标准（第一阶段）》，搭建安全、效率类 V2X 场景，覆盖 V2V、V2I、V2P、V2V-Event 四类通信方式	700 组
自然驾驶场景	基于车端、路侧采集的自然驾驶数据，搭建覆盖城市道路的 7 大类场景工况	13 000 组
交通流场景	基于真实交通流数据，通过 AI 深度学习提取特定场景下的交通流特征和驾驶行为特征，并根据场景重构所需的要素和工况定义，重构新的交通流场景	500 组

3. 场景工场赋能 X-in-Loop®技术体系建设

依托"水木灵境"场景工场，IAE 智行众维研发了以仿真场景数据驱动，从海量场景测试到极限场景验证的 X-in-Loop®仿真测试技术闭环体系及全栈式工具链产品，全面涵盖"SIL（Sofeware-in-Loop，软件在环）/MIL（Model-in-Loop，模型在环）-HIL（Hardware-in-Loop，硬件在环）-DIL（Driver-in-Loop，驾驶员在环）-VIL（Vehicle-in-Loop，车辆在环体系）-场地测试"各个阶段，深度契合智能网联汽车从研发、生产、验证到应用的"V"字形流程，与"水木灵境"场景工场共同保障自动驾驶系统的安全性、可靠性，以及智能网联车辆的安全运行。图 8.3 所示为仿真路景图片。图 8.4 为 X-in-Loop®仿真测试技术闭环体系示意图。

图 8.3 仿真路景图片

4. 创新业务模式，解决行业痛点

"水木灵境"场景工场支持以按需订阅的模式使用其场景数据，帮助自动驾驶技术研发生产企业及时、精准获取所需的场景数据，缩短算

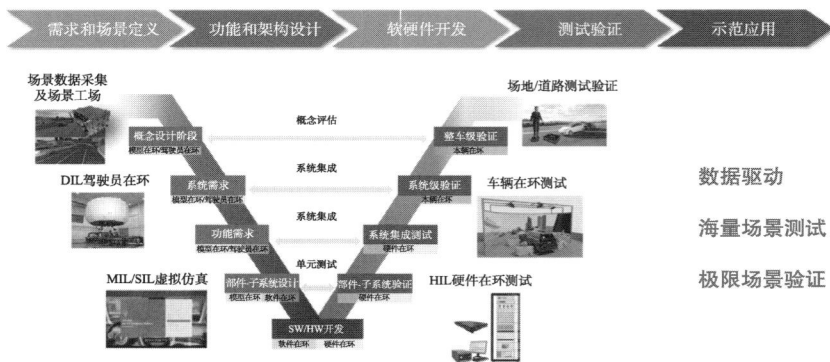

图 8.4　X-in-Loop®仿真测试技术闭环体系示意图

法测试迭代周期，提升算法安全性和稳定性，从而降低研发成本。场景工场同时可以提供标准场景的适配服务，如将仿真场景与不同的待测自动驾驶系统进行适配，使其在异地的数字孪生仿真场景中复现，满足 L3 级及以上自动驾驶系统复杂场景的测试训练需要。

"水木灵境"场景工场突破自动驾驶训练测试数据的技术瓶颈，生产的仿真场景数据具备广泛的通用性和可复用性，可跨算法、跨车型、跨平台、跨企业交互应用，解决了传统标注类训练数据无法通用、不具备交易价值等问题。场景工场有效地解决了行业里有"数据"但无法共建、共享以及无实际可用仿真场景数据的痛点，切实做到仿真场景的有用、可用、好用和够用。

8.3.2　依托场景工场，探索智能网联数据价值实现路径

1. 我国智能网联汽车数据领域面临的挑战

尽管大数据被广泛使用在智能网联汽车行业中，但良好的数据生态尚未形成。一方面，自动驾驶算法模型的优化依赖海量数据，但传统数

据获取方式的采集成本高、周期长、地域广,单个企业无法穷尽长尾场景。另一方面,企业间的训练数据由于缺乏通用性而无法交互,仿真场景库彼此无法兼容,且缺乏统一的格式与接口定义标准,数据难以在不同主体间有效流通和共享。此外,智能网联数据资源的价值也难以实现和评价,原因包括数据权属确认困难、定价困难、数据合法合规流通路径尚未成型,企业间未建立安全、可信的数据交互渠道等。

2. "水木灵境"场景工场系列数字产品在上海数据交易所挂牌

针对用户对于海量训练和测试场景数据的需求,IAE 智行众维协同原始数据提供方、数据治理方、数据交易平台以及数据合规指导方等生态伙伴,打通数据采集、生产、流通和使用之间的壁垒,解决部分数据来源及流通问题。原始数据提供方包括各地智能网联"车路云一体化"试点示范区、汽车主机厂、自动驾驶科技公司、出行运营企业等,利用车端及路侧感知设备采集车辆运行、环境感知和交通流等数据,并将脱敏后数据提供给数据治理方。数据治理方在数据合规指导方的指导下对数据进行合规治理和存储,进而由 IAE 智行众维"水木灵境"场景工场进行数据筛选、分类分级处理、仿真场景数据库开发及量产,形成数据产品和数据资产。场景工场生产的场景数据通过数据交易平台(如以上海数据交易所为代表的各地数据交易所、汽车大数据区块链交互平台)进行交易,最终服务于汽车主机厂、出行运营企业、车辆检测认证机构、准入管理和测试服务机构等。

2024 年 5 月,IAE 智行众维在上海数据交易所完成"水木灵境"场景工场系列共 3 款数据产品的挂牌。

数据产品 1 是"基于车端/路侧端数据的自然驾驶仿真场景",其数据包含道路和交通参与者行为两部分。交通参与者行为包含类型、尺寸、时间、速度、位置等,工况覆盖车辆/VRU(横向/纵向冲突)等,并不断补充；交通流覆盖不同特征的交通流量、密度和速度；同时覆盖道路上不常见的异形车辆模型。该数据产品适用于 L1～L5 级别自动驾驶系统感知、决策、控制系统开发的算法训练和仿真测试验证；已覆盖多个城市的智能网联示范区，如苏州相城高铁新城、上海汽车城智能网联示范区等。

数据产品 2 是"数字孪生仿真静态场景"，能够在仿真环境中对真实道路进行高准确度数字还原，是自动驾驶仿真测试的数字道路基础。其数据分为道路和路口层级，道路下包含车道、交通标志、交通信号灯、交通设施等要素。各要素按功能需求包含位置、类型、尺寸、属性、逻辑等关键信息。该数据产品适用于自动驾驶系统感知、决策和控制系统开发的算法训练、仿真测试验证和数字孪生展示，已覆盖多个地区，如苏州相城高铁新城城市道路、上海嘉定安亭城市道路、部分高速公路、快速路、汽车试验场等。

数据产品 3 是"中国交通事故仿真场景"，该场景基于中国交通事故数据搭建，在仿真环境中高逼真还原真实事故。其数据包含道路和交通参与者行为两部分，数据范围为碰撞事故发生前 5 秒轨迹至碰撞结束。交通参与者行为包含类型、尺寸、时间、速度、位置等；目标物类型覆盖乘用车、弱势交通参与者、障碍物等。该数据产品适用于自动驾驶系统感知、决策和控制系统开发验证的仿真测试，覆盖多种德国深度事故研究（GIDAS）数据库中的冲突类型和中国主要的交通事故类型。交通参与者类型丰富，包含但不限于异形交通参与者和常规参与者，事故静态范围基于真实道路（包含城市道路、高速、国道、省道、乡道、农村道路等）。

此次数据产品的成功挂牌是 IAE 智行众维在智能网联数据应用方面

的有效探索，也是我国智能网联汽车行业数据创新应用与数据资源市场化的生动实践。未来，IAE 智行众维将加速"水木灵境"场景工场系列更多产品在上海数交所的挂牌及场内交易，丰富繁荣数据市场。

3. 落地国内首个智能网联汽车路侧数据商业应用

2023 年 10 月，在苏州市智能车联网产业创新集群推进会暨第五届全球智能驾驶大会上，IAE 智行众维深度参与的苏州市相城区车联网路侧数据商业化合作项目正式签约，这是国内首个智能网联汽车路侧数据商业应用落地项目，完成数据分类 20 类，首期有效数据生产量 500TB，签约额度为 1 000 万元（图 8.5）。

图 8.5　IAE 智行众维落地国内首个智能网联汽车路侧数据商业应用

在该项目中，"水木灵境"场景工场基于智能网联示范区路侧感知设备采集的数据开发仿真场景库，有效应用于智能网联汽车的算法训练和仿真测试验证，打通基于"车路云一体化"的多源数据采集、存储、治理、产品开发以及商业应用全链路，实现智能化基础设施建设→路侧感知数据采集治理→仿真场景数据开发→算法训练→仿真测试验证→算法迭代升级→示范应用→规模化应用的数据资产化商业闭环，为智能网联汽车道路测试、示范应用提供落地支持和安全保障。

　　在此基础上，为有效解决仿真场景数据来源覆盖度低、多样性不足、缺少典型 C 端应用场景等问题，IAE 智行众维联合多地智能网联试点示范区、汽车主机厂、自动驾驶科技企业、出行运营公司和物流公司，利用路侧和车端采集的自然驾驶数据，通过"水木灵境"场景工场生产仿真场景，加快形成行业合力，打破企业和地域间数据孤岛，为产业赋能，助力构建智能网联汽车行业数据应用新生态，如图 8.6 所示。

图 8.6　IAE 智行众维合作的业内企业

8.3.3　推动产业发展，培育智能网联新生态

1. 聚焦前沿技术研究，助力产业落地

　　自创立以来，IAE 智行众维始终致力于智能网联汽车仿真测试场景数据库、自动驾驶等领域前沿技术研究和验证。"水木灵境"场景工场建设的"车路云一体化"多源数据仿真场景库，是"车路云一体化"中国方案的有效实践，其核心技术位列中国汽车工程学会于 2023 年提出的"未来 3～5 年中国汽车十大前沿技术"。此外，场景工场正积极探索应

用生成式人工智能技术，研发能够自主学习、生成多样化测试场景的智能系统，实现以 AI 驱动的场景生成与优化。

2. 推动标准法规制定，推进规模化示范应用

"水木灵境"场景工场目前已经构建了包含近 10 万例仿真测试场景的场景库和测试评价体系，成为智能网联汽车算法训练的"数据池"和测试评价的"考题库"，为苏州等城市智能网联汽车的道路测试和示范应用提供基于仿真测评的准入管理支撑，相当于对"人工智能驾驶员"进行驾考。相关实践工作将支持地方、行业以至国家探索构建智能网联汽车道路交通安全管理体系，推动智能网联汽车测评、认证、运营、监管等方面的政策、标准、法律和法规的制定，并可逐步向更多城市、地区甚至国家推广。此外，智行众维还积极推动智能网联汽车领域标准制定和参与行业白皮书编写，参与编制了《车联网无人快递车运营管理规范》《车联网低速小型无人清扫车运营管理规范》《智能网联汽车测试驾驶员能力要求》等行业和地方标准，及《智能网联汽车基于仿真场景库的场景测试方法与评价》《智能网联汽车仿真测试场景库场景分类》等团体标准，并参与编写了《中国智能网联汽车自动驾驶仿真测试白皮书》（2023 版）。

3. 助力用户降本增效，实现节能减排

科学有效的仿真训练和仿真测试可极大幅度减少自动驾驶安全落地前所需要的传统道路测试里程。"水木灵境"场景工场的仿真场景数据具有高度自动化、准确度高和高通用性（可跨车型及平台应用）等特点，能够避免重复采集和生产数据，有效降低企业算法训练测试的成本。同时，"水木灵境"场景工场通过解决行业极限和边缘场景数据短缺等问题，可以帮助减少甚或替代传统大规模道路数据采集和测试，从而减少碳排放量。

4. 数据开源计划，建设行业数据新生态

IAE 智行众维着眼于自动驾驶领域对算法训练和仿真测试数据应用的迫切需求，通过仿真合成 BEV 训练数据、Corner Case 等算法训练数据，联合中国汽车工业协会下属众链科技有限公司等开展 Coral-data（珊瑚数据）开源计划。该计划创新了开放共赢的数据合作模式，已陆续发布 17 批次开源仿真测试场景集和训练数据集，推动智能网联汽车行业数据共享共用。

第9章

医疗、工业和征信行业之"大数据"

9.1 案 例 背 景

本章我们聚焦于大数据如何赋能医疗、工业和征信行业，以及数据资源怎样在这些行业中转变为数据产品。本章第一个案例属于医疗行业，主角是联仁健康医疗大数据科技股份有限公司（以下简称"联仁健康"）。联仁健康成立于 2019 年 11 月，是由国家卫生健康委员会统一部署，中国移动牵头组建，太平洋保险、济南国际医学中心产业发展有限公司、浦东投控科创基金等 7 家公司共同参与的健康医疗大数据公司。联仁健康是我国首个"央企领投，地方政府、金融机构与医疗信息化企业共同参与，以国资为主体并具备市场化机制"的健康医疗大数据产业集团，被视为健康医疗大数据领域的"国家队"。在联仁健康的案例里，我们重点考察联仁健康运用大数据的商业模式，并通过一个典型应用场景来研究其推出的数据产品的特点。

本章第二个案例来自工业领域，主角是中核（上海）供应链管理有限公司（以下简称"中核供应链"）。中核供应链是中国核工业集团有限公司的全资子公司，负责搭建和管理集团的供应链数字化平台，助力推动核电产业创新和数字化转型。在中核供应链的案例里，我们重点考察公司的数据资源管控、数据资产管理和数据产品运营。

本章第三个案例不是关于一家企业，而是一个行业——征信行业。征信行业是提供信用信息服务的行业，天然地依赖和受益于大数据的应用。比如，我们在上一章中谈到金润数科的全资子公司金润征信如何利用高速路网行动数据来增进金融机构对货运业个体户和小微企业信用风险的评估。本章中我们重点考察征信行业数据要素化以及数据要素产品化的多种形式。

9.2　医疗大数据：联仁健康[①]

联仁健康的愿景是致力于成为世界一流的健康医疗数智科技企业。联仁健康践行国家"新基建"和"要素市场化配置"战略，以医疗大数据汇聚运营与核心科研能力为基础，聚焦医疗信息化科技与医疗服务运营，构建医疗健康数据产业闭环，赋能"三医联动"新型医疗服务体系转型，即以数据科技助力提高医疗效率、提升医疗质量、服务医疗保障。

联仁健康的商业模式是依托大数据科技核心能力，贯穿数据融汇、治理、应用全链条，构建全生命周期、全方位运营的健康医疗数字化服务平台，服务医疗、助力政府、促进产业、惠利民生。联仁健康立足医

---

① 本节内容由联仁健康李晓东等提供。

疗、聚焦健康，利用数据科技实现智能应用，赋能三医联动和消费者健康医疗服务，服务于政府、医疗机构、医药、保险、消费者五类客群领域，集中优势资源构建"2 + N"的业务发展梯队，即构建以政府业务板块和医疗业务板块为核心，多元化衍生场景为辅的业务发展矩阵，打通数据价值链，实现健康医疗大数据规模化应用。近年来联仁健康在全国多区域数据授权运营拓展上陆续获得重大突破，围绕市场化应用场景，已与多地政府共同探索并落地了央地共建的创新模式。

联仁健康汇聚了大量来自医疗及医疗信息化、互联网健康、大数据、保险和医药方面的专业人才，其中数据类人才占比 36%。围绕医院和区域大数据中心的建设，联仁健康在医疗健康数据汇聚、数据治理及数据运营方面形成了较强的竞争力。同时，联仁健康正与医疗行业各机构、产业合作伙伴开展广泛合作，共同建设健康医疗大数据生态圈，推动形成健康医疗服务新模式、新业态，全力以赴助力建设"健康中国"。

9.2.1　"一湖三台"数据架构

联仁健康的数据架构被称为"一湖三台"。所谓"一湖"，指的是一个数据湖，用来汇聚、清洗、储存和管理数据，这是所有数据产品和服务的数据来源。"三台"指数据中台、业务中台、开放平台。在数据中台上，联仁健康对数据进行标注、分析、挖掘、治理、建模，形成包含多个数据层的数据仓库。在业务中台上，联仁健康按业务导向对数据进行逻辑处理，以满足不同业务的需求。在开放平台上，联仁健康根据客户需求开发出不同的数据产品和服务。联仁健康所有的数据应用，包括政务决策、健康管理、精准医疗、临床科研等，都是建立在"一湖三台"架构之上的。图 9.1 演示了联仁健康的"一湖三台"数据架构。

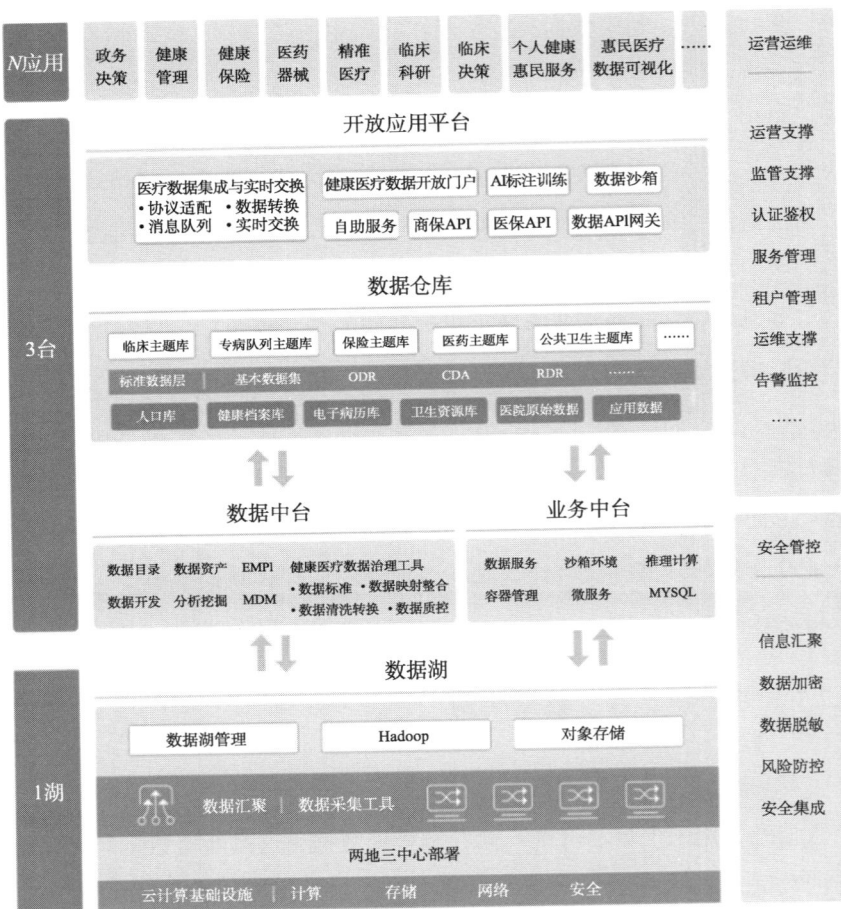

图 9.1　联仁健康的"一湖三台"数据架构

联仁健康在数据供给侧和需求侧都做了很多努力。在数据供给侧，联仁健康承建北方健康医疗大数据中心，开展健康医疗大数据汇聚存储、治理加工、挖掘分析、运营服务，以及健康医疗大数据平台的建设运营、维护使用等，形成一横（区域）一纵（专科专病）大数据能力和资源汇聚。同时，联仁健康以医院数据平台及科研平台建设为发力点，形成垂直专科医学知识体系壁垒，深化医工结合，为前瞻性、创新性的数据价值挖掘与应用变现打下基础。在数据需求侧，联仁健康锚定市场最大需求方向，面向药械公司、商保公司、企业员工及 C 端消费者，围绕增量价值，提供智能风控、临床研发、商业洞察及健康管理等高科技壁垒的数据服务产品。

联仁健康利用其在健康医疗大数据产业的先发优势，积累了数据汇聚、治理和应用方面的经验，也开发了安全、高效、精准的成熟工艺和数据工具，在面对不同结构的、海量的、复杂的健康医疗数据时，既能保证高效、准确地处理数据，也能确保全流程的数据安全与信息安全。目前联仁健康的数据处理效率是同业的 10～20 倍，具有这样的数据能力是立足行业潮头的首要关键。此外，联仁健康在总结行业经验、研究先进技术基础上总体规划，持续迭代升级，精心设计建立"五仁六库"。五仁是指联仁健康的科技五大模块，由"仁云、仁数、仁医、仁芯、仁康"构成，它是一个精密型先进大数据引擎；六库是指自主研发的六大健康医疗知识库，其中包括疾病库、药品库、处方库、医生库、慢病库、健康因子库。联仁健康拥有的高度自动化的数据处理能力和独有的数据库是其差异化优势的源泉。

9.2.2　"惠政、惠医、惠企、惠民"四大板块产品与服务

联仁健康以数据产品服务差异化为目标，在医疗健康大数据领域已实现多场景、多生态应用的显著成果，并进入了快速复制、规模化应用的阶段。具体来看，联仁健康的数据产品和服务对象分别为政府、医疗机构、企业和居民，公司将这些业务分为"惠政""惠医""惠企""惠民"四大板块，它们各有特点。

惠政板块是面向各省市卫生健康委等相关管理部门，提供数智卫健平台解决方案，包括健康医疗大数据的创新应用、卫健数据中心等。惠政板块以区域数据授权为基础，依托超大规模数据的处理技术和运营能力，提供"政府监管＋数据运营"应用场景集、数智健康产品集，为监管部门搭建起区域级数据底座和智能中台等健康大脑全套组件能力，并配套数据汇聚、治理、成湖等数据服务。通过"建设＋服务＋运营"模式，帮助合作区域提高医疗数据质量，为医疗数据要素平台化运营、多元化流通交互奠定基础。

惠医板块是以头部三甲医院的医院数据平台、科研平台建设为发力点，为医院提供数据资产管理平台与知识体系，推动医院数字化转型，赋能智慧管理升级。惠医板块为医院和医学专家提供科研平台系统与临床数据治理服务，基于多专科临床研究理论，通过大数据和人工智能技术治理、挖掘、转化数据价值，形成垂直领域医学知识体系，深化医工结合，提升科研能力与转化效率，为医疗数据赋能前沿创新应用提供有效支撑。

惠企板块是面向药械企业提供数字化赋能服务，基于健康医疗数据授权应用，开展医药真实世界研究服务。惠企板块通过覆盖患者在诊断、治疗、检验检查、结算、复诊随访等全旅程医疗数据，提供医药真实世界研究的数据运营服务，包括区域数据库研究、单体医疗机构研究、真实世界洞察，针对不同的数据来源、采集方式提供适宜的大数据治理加工和分析研究，提供标准化或定制化的研究报告等，解决药械企业研发成本高、周期长，业务决策缺乏依据等诸多痛点，为药品研发提供医学证据，为业务布局提供市场数据，提升研发效能和业务决策数字化水平，增强市场竞争力。

惠企板块同时还面向商业保险公司提供惠民保整合营销、核保理赔风控数据科技服务和保险经纪服务。基于全流程一站式普惠保险服务平台,依托对健康医疗大数据汇治用能力和 AI 技术等,并结合城市人群健康特征、个人和家庭的用户画像、保险精算模型等,提供城市定制型保险的科学设计和定价、精准营销和购买转化,以及个性化健康管理和保险保障。通过整合营销赋能,助力保险公司持续迭代保险产品,提升市场份额,深化保障水平,提升客户满意度,实现业务数字化升级;数据核保理赔风控,助力严控保险逆选择风险,降低核保理赔运营成本;推动商业保险业务迭代和降本增效双向提升。

惠民板块是面向企业员工、个人消费者提供以健康医疗大数据为基础的数智化企业员工福利计划和健康管理服务。惠民板块基于区域公卫数据授权应用,提供与居民健康档案深度融合的企业员工"体检 + 健康医疗服务 + 健康保障"一站式、全周期的综合健康福利方案;依托可信的健康医疗数据,为个人和家庭提供数字化健康管理权益服务、健康福利包产品。通过整合医疗服务网络与生态供应链,发挥健康数据模型的独特优势,为需求侧客户提供高品质产品服务,同时也为供给侧合作伙伴带来精准流量,助力业务模式数智化升级。

9.2.3　典型场景:赋能商业保险"核保理赔"的数字化升级

传统保险行业在个人客户投保和理赔环节的核查或审核(简称"两核")作业时仍然大量使用人工调查,导致运营的成本居高不下。联仁健康结合商保行业两核场景的数据化发展趋势,率先在一些医疗数据基础较好的区域实践商保核保理赔场景下的数据应用和服务赋能,从而提升保险客户的服务体验,同时也提升保险行业的数字化进程,从而帮助保险企业降本增效。

当前我国商业保险在两核作业环节的数字化程度仍然较低,大量保险公司尚未涉足数字化运营转型的关键之处，即用户授权医疗数据获取的联网化、自动化。同时，国家已陆续颁布多项数据安全法律法规，在数据使用中，特别是涉及个人敏感数据时，必须严格遵守"一人一授权，未授权不得使用""数据使用严格遵循场景限制"等行业要求。因此，利用大数据赋能传统核保理赔作业，既需要理解传统业务流程的痛点（高运营成本、低效率、有效数据使用不足等），也要求具备各类信息安全和数据处理技术的专业化公司保驾护航。联仁健康依托领先的大数据科技能力和对保险业务诉求的深入洞察，在充分保障个人数据隐私安全的前提下，发挥数据要素乘数效应，促使数据真正"取之于民，用之于民"。

联仁健康通过其拥有的大数据和数据分析技术，助力保险公司业务的数字化升级，目的在于提升投保客户的获得感和幸福感，尽量做到"数据多跑路，人民少跑腿"。一方面，数字化升级可以免去投保人在申请核赔时收集、准备、递交材料过程中的往返跑腿时间和成本；另一方面，数字化升级也有利于降低投保审核时逆向选择风险，带动保险费率下降，增强保单吸引力，改善投保体验，推动保险行业的长足发展。

2023 年 12 月，联仁健康推出了商业保险领域的第一款数据产品——联仁健康商业保险核保理赔服务（以下简称"商保两核便民数据服务"），如图 9.2 所示。 该产品在上海数据交易所成功挂牌登记，并获得数据产品登记证书。商保两核便民数据服务通过互联网数据服务，能够帮助保险公司大幅提高核保调查效率，扩大核查范围，提升查询结果精准度，并大幅降低人力成本，为商业保险的核保核赔风控自动化、智能化提供有力的数据应用基础支撑。

商保两核便民数据服务旨在利用合作区域（以省市级为宜）合规授权的海量医疗数据，依托大数据科技能力，对数据进行深度治理挖掘，根据商业保险公司在两核作业场景下的各项具体需求，梳理设计数据应

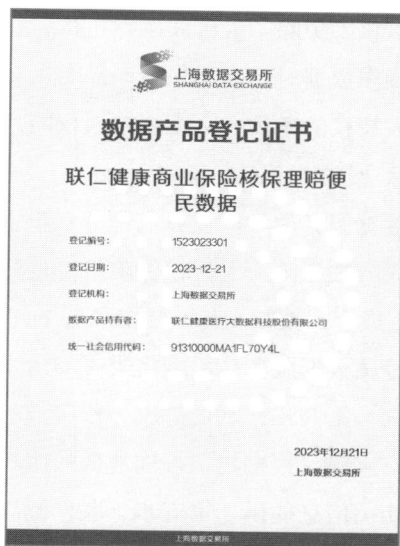

图 9.2　商保两核便民数据服务的登记证书

用产品和配套服务。该产品的核心是联仁健康在充分采集、整理、治理就诊基础信息、疾病信息、病历信息、病理信息、检查检验信息、结算信息、费用明细信息等多源异构的医疗数据的基础上，研发落地的"被保险人历史就医查询（两核作业场景）"数据服务。该产品的数据来源主要为区域人群门急诊、住院等就医数据，包括医院、时间、科室、诊断、手术、就诊类型、费用等相关信息，在数据采集阶段涉及的数据源类型为政务数据。该产品的类型为数据 API 技术信息服务，即在符合个人信息保护相关法律法规的前提下，经保险个人客户充分知晓授权，通过数据 API 获取个人客户授权的相关就医数据，进行两核作业领域的数字化核验等应用服务。该产品的应用场景是保险公司在接到投保人投保申请或者被保险人发起理赔申请时。保险公司使用该产品查询投保人/被保险人就诊基本信息，对该投保人/被保险人的健康情况、投保行为、理赔行为等进行智能两核审核，免除个人奔波医疗机构，打印提供书面材料的不便。使用该服务调用数据时，需要保险产品个人客户进行授权，保险公司通常会提供个人授权的条款，个人客户授权同意将数据输出给保险公司及第三方保险从业机构。

商保两核便民数据服务的具体业务流程分六步：第一步，保险公司的个人客户（投保人或被保险人）授权保险机构进行就诊记录提调阅。第二步，保险公司生成个人授权文件（授权号），向联仁健康发起查询请求。第三步，联仁健康数据服务应用端接收查询请求，处理格式并校验授权信息后进行查询。第四步，联仁健康合作区域的数据源端，实时或按时效返回查询输出字段，根据指定查询地区的医疗机构提供个人客户既往的就诊记录及相关信息提供。第五步，联仁健康数据服务应用端根据数据源就诊信息（如疾病、治疗等），进行数据加工处理，通过数据治理、智能 ICD 编码、诊断智能对码等技术处理，完成标准诊断编码智能匹配，并结合险种提供既往实际疾病/治疗等相关信息，将查询结果返回保险机构。第六步，保险机构获得查询结果信息，并结合相关险种参考审核，得到核保/核赔最终结果，向保险个人客户反馈。

该产品的定价方式主要考虑输出数据字段、数据治理难度等因素。计价方式大致分为两种：一种为按查询计费，即按有效调用计费，无论是否返回结果数据均需付费；一种为按查询结果计费，即按返回相关就诊医疗机构、日期等关键字段，获得查询结果才需付费。

9.3　工业大数据：中核供应链

中国核工业集团有限公司（以下简称"中核集团"）是经国务院批准

组建，中央直接管理的国有重要骨干企业，是国家核科技工业的主体、核能发展与核电建设的中坚、核技术应用的骨干，拥有完整的核科技工业体系，肩负着国防建设和国民经济与社会发展的双重历史使命。中核（上海）供应链管理有限公司（以下简称"中核供应链"）作为集团供应链数字化平台的建设单位，以"一个平台一张网"为立足点，搭建服务集团公司内外数字供应链平台，积极发挥数据要素引领作用，助力推动核电产业创新和数字化转型[①]。

9.3.1　中核供应链数字化转型的三大使命

随着信息技术的快速发展，数据作为一种战略资产，已成为企业核心竞争力的重要组成部分。"十四五"期间中核集团由采购管理向供应链管理转型，"数字核工业的愿景"要求中核供应链构建系统思维和精细化管理理念，扎实推进采购与供应链管理各项基础能力建设，强化、深化核工业采购与供应链管理领域数据资产管理能力，支撑中核集团"十四五"期间打造"安全、自主、阳光、高效、先进"的核产业采购与供应链保障体系。在这一过程中，中核供应链数字化转型有三大使命，分别是推动数据融合、稳定产业链和供应链，以及打造数字核工业。

推动数据融合：由于各部门建设周期不同、管理要求不同等历史原因，中核集团在采购与供应链管理中未能建立统一的业务数据标准，且业务数据广泛分布于各业务系统中，出现了比较严重的数据孤岛问题。数据孤岛问题大大限制了数据的有效流通与利用，导致决策过程缺乏必要的信息支持。为解决这一问题，中核供应链必须通过数据整合技术（如

---

① 内容来自中核供应链副总经理崔涛、方世杰等，原文为《中核集团采购与供应链数据资产管理路径探究》。

构建数据湖和数据仓库），将分散在不同系统和部门的数据集中起来，利用数据清洗和数据治理技术优化数据质量，为后续的数据分析和资产管理奠定基础。

稳定产业链和供应链：核工业产业链与供应链的稳定不仅依赖于物理供应链的弹性，更依赖于采购与供应链领域数据资产管理能力。其核心在于通过数据的实时监控、分析和预测，及时识别和响应潜在的风险和不确定性。通过构建一个数据驱动的供应链管理体系，中核集团能够实现对供应链各环节的全面可视化，健全现有的供应链管理体系，有助于产业链"链长"提升固链补链强链塑链能力，增强产业链和供应链的韧性与竞争力。

打造数字核工业：国家"十四五"规划和 2035 年远景目标纲要提出"加快数字化发展，建设数字中国"，要求加强数字技术创新应用、推动数字产业化布局。中核集团采购与供应链数据资产管理是构建数字核工业的核心环节。通过深入整合和利用数据资产，中核集团可以显著提高核工业供应链的效率和透明度，确保关键材料的供应安全和生产流程的稳定性。先进的数据资产管理不仅可以优化数字核工业构建过程中的采购决策、提升资源配置的效率，还能够增强对供应链风险的预测和应对能力，促进供应链上下游的紧密协作，加快创新速度，支撑核工业的持续发展和国家战略的实现。

9.3.2　数据资源转化为数据资产的实践

数据资产是"企业及组织拥有或控制，能给企业带来未来经济利益的数据资源"。在数据资源到数据资产的转化路径中，数据产品起到了至关重要的作用。中核供应链数据资产化的实践主要分为四个阶段：建章立制、平台建设、数据治理、产品运营。

建章立制：这一阶段的主要目标是确定数据发展战略、制度和组织架构。中核供应链根据内外部环境，中核集团和上级单位管理思路，制定数据发展战略规划，搭建数据管理制度体系，形成科学的数据管理制度。结合中核供应链信息化发展规划，推进数据资产化的组织架构和人才优化，打造数据文化，致力于深度挖掘中核集团采购与供应链领域海量数据的潜在价值。深化数据管理以来，中核供应链通过相关领域战略规划描绘出企业数据愿景，并通过制度体系的搭建实现数据管理的规范化和体系化。以数据为核心，在满足管理决策和业务协同的同时，中核供应链深度挖掘核工业产业链采购与供应链领域的数据价值。中核供应链为数据这一全新的资产类别制定了相应的规范流程，包括数据采集、存储、调用分析、数据退役等流程和操作规范，坚持规范数据使用流程是保证数据资产质量的关键。与此同时，中核供应链作为集团采购与供应链领域数字供应链平台的承建和运营方，其数据往往来源于各业务系统，由于建设历史和业务标准化进度等原因，数据来源、数据定义和价值标准存在较大差别。为了确保数据资产化工作能够有效开展，中核供应链以业务主题域为切入点，结合中核集团相关领域业务情况构建数据标准，形成全局统一的数据定义体系。

平台建设：这一阶段的主要目标是搭建数据资源管控中心。中核供应链致力于搭建集团采购与供应链领域数据平台，包括研究开发相关领域的数据模型、算法，打造一体化的数据基座并引入相关成熟领先的数据模块。中核供应链自 2020 年起开始积极推进采购与供应链领域数据资源管控中心（SCDC）的建设，建立集团级采购与供应链领域数据资源管控中心。数据资源管控中心依托中核集团数字供应链平台建设，全面采集集团数字供应链相关业务系统，设计招投标业务模块、电子商城业务模块、供应商管理业务模块、物资主数据业务模块、供应链金融平台业务模块等相关领域采购与供应链基础数据，在中核集团数据中台上实现中核集团采购供应链全域数据汇聚，确保数据应用全面准确，提升采购供应链行业级数据汇聚。在技术基座方面，数据资源管控中心依托集团"一个平台一张网"，对采购和供应链管理数据进行集中，提升高性能数据采集传输和全类型数据汇聚存储等能力，完成全域数据的采集和存储，实现相关业务域系统数据"颗粒归仓"、个性化系统及外部数据"应收尽收"。在集团采购与供应链领域数据资源管控中心建设过程中，中核供应链围绕着业务主题域，深入结合中核集团管理要求和业务需求，持续推进数据的沉淀、分析和应用。基于数据资源管控相关数据，相关团队开发供应商围标串标模型，形成多维度全流程的业务统计报表，实现采购管理报告和采购与供应链数据标准 API 接口功能，逐步形成中核集团采购与供应链领域数据产品，拓展数据服务，实现数据价值。图 9.3 为采购与供应链领域数据资源管控中心的驾驶舱。

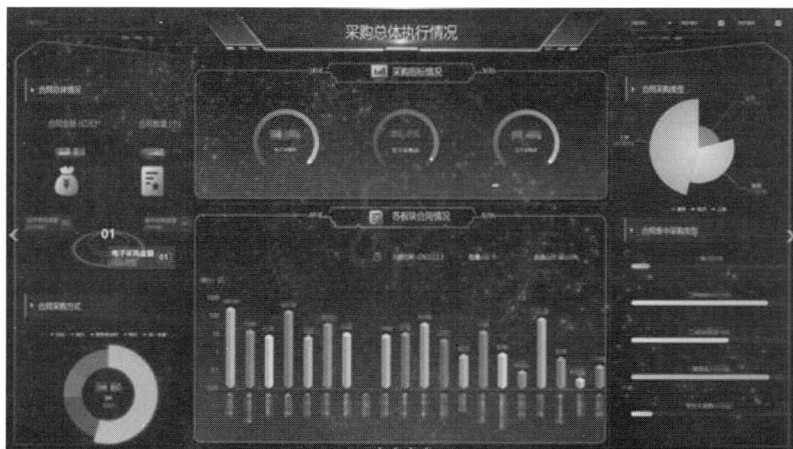

图 9.3　采购与供应链领域数据资源管控中心驾驶舱

　　数据治理：这一阶段的主要目标是梳理数据资源、确认数据资产、保证数据质量。随着业务信息化逐渐完善和业务数据分析需求的不断增加，数据质量和数据标准化等问题逐渐成为制约数据资产应用的突出瓶颈。不同业务数据分散在不同部门不同系统中，中核供应链内部形成业务数据孤岛，各个系统中也普遍存在数据冗余、重复、不一致等数据质量情况。中核供应链从业务主题和管理要求出发，对数据资源管控中心和业务系统内的全部数据进行了全面盘点。从采购供应链整体出发，对业务流程进行梳理分类，基于业务流程全景图，构建业务流对应数据流，统一业务流与数据流并以可视化的方式进行呈现。通过数据判断，全面了解中核供应链数据资源的规模、质量、分布、流向，并在这一过程中，梳理关键采购业务流程管理要素，对采购数据名称、格式、描述和用途等属性进行统一定义，形成采购与供应链领域核心业务数据资产目录，并提供数据一致性的参考标准。最终，建立中核供应链数据资产目录的维护和更新机制，确保数据资产目录的持续有效性。数据质量是数据资产化的关键，中核供应链在数据资源全面盘点的基础上，建立数据清洗标准化流程并开展相关领域数据治理提升专项工作，全面提升数据的质量水平。首先，中核供应链严格规范数据的采集、录入、传输、处理等过程，并明确业务核心要素的数据标准。其次，中核供应链基于数据标准对现有系统和历史数据进行全面的差异性分析，通过数据治理工具进行数据血缘分析并进行治理。此外，中核供应链在内部进一步推进数据共享共用，打破数据孤岛现象。自 2020 年以来，中核供应链基于数据管理能力成熟度评估模型（DCMM），围绕着主数据和业务数据开展数据治理工作，这一工作主要包含三个方面。第一是建立与公司发展相匹配的数据治理组织架构体系，明确决策、管理、执行等各层级数据管理相关职责与职能，完善数据治理专业岗位的设置，做好数据应用的规划、管理、组织和协调。第二是制定全面、科学、有效的数据管理制度，包括但不限于组织管理、部门职责、协调机制、监督检查等，建立相应的规范和标准，如数据标准管理、数据质量管理、元数据管理、数据分类分级、数据安全防护、数据生存周期管理等，同时搭建和使用合适的数据管理流程和工具，并提高各级人员的数据管控意识和技能水平。第三是人才激励储备，建立企业自身数据人才选聘、培养、使用和储备机制，加大复合型和实践型供应链人才培养力度，为建成与世界一流企业相适应的数字化管理体系提供人才保障。

产品运营：这一阶段的主要目标是数据资源转变为数据产品。在上一阶段，企业已经完成了数据现状的全面盘点，数据资源价值属性得到确认。数据资源的价值需要通过数据产品来体现，通过数据产品的打造，数据开始具备交易价值，从而可以确认为数据资产。中核供应链深入分析中核集团采购与供应链领域管理要求和业务需求，结合国资委相关监管要求，打造采购与供应链领域一体化风控数据产品"核链慧眼"。该产品充分结合历史采购数据、供应商工商注册数据、股权结构数据及供应商历史投标文件，通过关联关系和供应链历史行为数据融合，打击围标串标、内部腐败等现象，加强集团电子采购平台招采项目实施过程中隐蔽风险的识别与监控。同时，中核供应链根据平台运营和市场调研相关情况，打造了中核集团采购价格指数、采购管理数据分析专报、供应商服务专报等数据产品，充分挖掘数据价值并真正实现数据资产化。2024年1月，在国务院国资委办公厅举办的智能监管业务模型创新活动中，中核供应链申报的"核链慧眼-供应商围标串标模型"获优秀应用奖。目前，中核供应链正积极与上海数据交易所合作，推动相关数据产品挂牌和数据资产入表等工作。

9.3.3　采购与供应链领域数据管理的启示

中核供应链在多年的采购与供应链领域数据管理过程中积累了一些宝贵的经验，对于进一步形成科学化、体系化、规范化和完备化的采购与供应链领域数据资产管理体系有着重要的启示作用。

首先，数据资产化需要系统化的数据治理。这与我们在第 3 章中提出的数据资产入表的关键步骤之一是"建立数据资源管理体系"不谋而合。系统化的数据治理包括但不限于数据收集、存储、处理、分析与应用的全周期管理。中核供应链的实践表明，建立健全的数据管理制度和高效的数据资源管控中心，可以显著提升数据治理水平，为数据资产化提供坚实基础。与此同时，数据资产化的实现需要企业持续提升数据治理能力。尽管不同企业的数字化基础和数据环境存在差异，在数据资产化推进过程中会有所侧重，但对于所有企业而言，提升数据治理能力都是企业实现数据资产化的重要基础。

其次，业务数据标准和质量控制是数据资产化中的核心环节。确保数据的准确性、完整性和一致性对于提高数据资产的质量及可用性至关重要。在中核供应链数据治理相关工作推进过程中，通过构建集团级采购与供应链领域业务数据标准并开展数据治理和清洗工作，有效提升了数据质量，也确保了数据资产的可靠性和有效性。

再次，数据产品是数据资源价值释放的核心环节，是数据资产化的重要载体[1]。通过深入分析业务需求和数据盘点，中核供应链不仅完成了数据资源盘点和资产目录的建设，服务自身经营决策，提升了企业的盈利能力，同时形成了对外提供服务或者交易的数据产品。通过数据业务

---

[1] 赵丽芳、林立、李金璞，2023。

化和业务数据化，中核供应链进一步减少成本、增加收入和控制风险，从而实现数据资产的价值。中核供应链结合业务背景，开发和运营符合市场和内部管理需要的数据产品，如"核链慧眼""中核集团采购价格指数"等，不仅提升了数据的附加值，也为企业创新和优化业务模式提供了新的途径。

最后，技术创新和复合型人才培养是支撑数据资产化的两大驱动力。采用先进的技术平台、工具和方法可以加快数据资产化进程，而具备业务、数据、信息化和财务等背景的复合型数据管理人才则是确保这一过程顺利进行的关键。中核供应链在数据资产管理路径探索过程中，充分注重技术创新与复合型人才的双向投入，有效推动数据资产化战略的实施。

中核供应链已经初步建立了数据资源管理体系，并通过创新的数据产品积极推进数据资产化，但在实现数据资源全面转化为数据资产的过程中，仍面临着数据整合难度大、数据质量不一、管理体系尚待完善等挑战。未来，中核供应链将进一步深化数据资源到数据资产的转化机制，优化数据管理体系，加强数据质量控制，促进数据标准化与共享，提升数据资产的战略价值。通过持续完善数据资产管理体系，不仅可以为集团采购与供应链领域的数字化转型提供强有力的数据支撑，也将为核工业的创新发展注入新的动力，最终构建一个更加高效、智能和可持续的采购与供应链管理新模式。

9.4　征信行业大数据：征信行业数据资产化的探索

征信行业是市场经济中提供信用信息服务的行业，是社会信用体系建设的重要组成部分。征信服务要达成的目标是尽可能地准确评判贷款申请人的信用风险，为金融机构的授信决策提供参考。通常来说，对于贷款申请人的信息掌握越充分，征信机构就越能准确预估贷款申请人的信用风险，因此征信行业天然地依赖和受益于大数据的应用。

国务院印发的《"十四五"数字经济发展规划》（以下简称《规划》）中强调了数据作为关键生产要素的作用，《规划》指出要"强化高质量数据要素供给""加快数据要素市场化流通"，以及"创新数据要素开发利用机制"。这些指导性原则对于大数据在征信行业的应用和发展具有重要意义。征信数据在数字经济中的合法合规流通、安全保护及高效利用，是构建数字经济信任体系的关键。《规划》中关于数据确权、隐私保护、数据安全和个人信息保护等方面的规定，为征信数据的管理提供了宏观指导框架，其旨在促进数据在保障个人和企业权益的同时能够有效服务于经济社会发展。

9.4.1　征信行业的数据产品

在数字经济迅猛发展的背景下，许多企业投入征信数据服务领域，利用大数据、人工智能等先进技术提升征信服务的效率与质量。比如，企查查科技股份有限公司、上海合合信息科技股份有限公司及其子公司上海生腾数据科技有限公司、悦讯（海南）科技有限公司等知名征信数据企业都在推动行业数字化方面发挥了重要作用。目前征信数据行业也已经诞生了诸如启信宝、企查查、爱企查等一批出色的产品[①]。表 9.1 展示了部分征信行业的数据产品、关联企业及产品介绍。

---

① 以下内容部分来自上海金证资产评估有限公司白冰。

表 9.1　部分征信行业的数据产品、关联企业及产品介绍

产品名称	关联企业	产品介绍
启信宝	上海生腾数据科技有限公司、上海合合信息科技股份有限公司	启信宝是一款基于微信端的企业征信信息查询工具,可查询的信息包括工商信息、法院判决信息、失信信息、司法拍卖信息、企业招聘信息、企业评价等
企查查	企查查科技股份有限公司	企查查是一个一站式企业信息查询平台,用户可以在该平台查询企业的工商信息、股东法人信息、诉讼失信等信息,产品有 App、网页、微信三种形态
天眼查	北京金堤科技有限公司	天眼查是一个企业信息、企业工商数据、企业人物查询系统。基于开放数据和共享的政府公共数据,依托数据采集、清洗、聚合、建模为一体的大数据解决方案,主要服务于有企业信息查询需求的用户
新华信用	中国经济信息社有限公司	新华信用汇集全球 230 多个国家和地区 2 亿多条企业信用档案、9 200 多万家国内企业信用数据、2 600 多万条红黑名单数据。面向用户提供企业资信调查、信用信息咨询、信用评价、信用管理、风险监控预警、信用图谱、信用报告等产品和服务,为"一带一路"相关重点企业提供"一站式"信用管家服务
闪银	北京闪银奇异科技有限公司	闪银是一家大数据信用评估服务提供商,通过使用大数据分析和机器学习算法,辅助用户进行信用评估,基于评估结果,撮合个人用户和机构完成交易,为用户提供资金借贷、消费分期等金融服务
76hui	企乐汇征信有限公司	76hui 是一个企业征信服务提供商,致力于通过互联网形式开发企业信用评级的数据平台,通过搜索引擎技术,搜集整理各个级别的中小企业信用数据,并应用大数据技术,为企业的信用评价、风险控制、前景评判提供了全方位数据参照。依托自有系统及网络建立了以北京综合处理中心为基础的数据化企业信息采集体系,可根据用户需求实现高效交付
上海市联合征信有限公司	上海数据集团有限公司、上海联合产权交易所有限公司	企业信用征信服务;企业信用评级;企业信用调查;企业风险管理;企业信用信息服务、评估、咨询;依法开展与征信服务相关的咨询和培训业务
芝麻信用管理有限公司	蚂蚁科技集团股份有限公司	信息服务业务(仅限互联网信息服务)、企业征信业务,企业管理咨询,计算机软件开发,计算机网络及系统集成,信息技术转让、技术咨询、技术服务

征信行业的数据产品有着广泛的应用场景。比较典型的应用场景包括信贷评估、个人信用评估、租房、就业背景调查等。除此之外，企业还可以利用征信数据对合作伙伴、客户或供应商的信用状况进行评估，降低和控制风险，确保交易安全。征信数据产品还可以用于反欺诈、识别身份盗窃等不法行为，保护个人和企业的财产安全。最后，征信数据产品还可以为金融企业提供数据支持，协助金融企业开发创新的产品和服务，推动普惠金融的发展。

9.4.2　征信行业数据资源的产品化

将数据资源转化为具有商业价值、可直接服务于决策的数据产品，是数据资源资产化的必经步骤。征信行业也不例外。征信行业将数据资源转化为数据产品一般经过如下几个步骤。

（1）数据采集与整合：从多个来源收集数据，包括但不限于银行、金融机构、电信运营商、电商平台、交通，以及其他公共记录等。这些数据涵盖了个人信用历史、交易行为、社交活动等多个维度。利用大数据技术对这些分散的数据进行清洗、去重、标准化整合，确保数据的质量和一致性。

（2）数据处理与分析：应用数据预处理技术，如数据边缘计算，对数据进行初步筛选和预分析，剔除无效或错误信息。运用统计分析、机器学习、深度学习等算法对整合后的数据进行深入挖掘，识别信用模式、风险特征和趋势等。

（3）产品设计与开发：根据市场需求和客户群体，设计不同类型和模式的征信产品。制定易于理解的数据指标，使得数据可以通过可视化工具呈现，使用户能够快速把握关键信息，做出决策。

（4）合规与安全：确保整个数据采集、处理过程符合隐私保护法规和数据安全标准。加强数据加密、访问控制和备份策略，保护数据资源免受未经授权的访问和泄露。

（5）产品迭代与发展：根据市场反馈和业务需求，不断迭代优化数据产品，增加新功能或改进用户体验。

征信企业通过这一系列流程，完成数据产品的开发，促进数据资源向数据资产的转变。

9.4.3　征信行业的数据产品运营模式

征信行业提升数据产品的运营效率和风险管理能力也是数据要素价值释放的关键。建立健全的数据采集、存储、处理和更新机制，以及定期的数据清洗，可以减少错误和冗余数据，从而协助建立全面的数据质量管理体系，提升数据的准确性、完整性和时效性。采用先进的技术和算法，对大量复杂数据进行快速处理和分析，可以提高数据处理速度和准确性，不仅能提升响应速度，还能更精准地识别信用风险，如通过异常检测算法自动发现潜在的欺诈行为。推动跨行业、跨部门的数据整合和共享机制，可以打破数据孤岛，如中国人民银行推动的信用信息平台依法合规向征信机构稳步开放数据，可以丰富征信数据源，释放数据要素价值。

征信数据行业运营模式多样，主要服务于信息查询、风险管理、信用评估、信贷决策等多个领域。根据服务对象、数据处理方式以及商业模式的不同，可以将征信数据行业的运营模式大致分为以下几类：面向消费者（C端）的服务平台、面向企业（B端）的专业服务提供商、信用评估与撮合交易平台、数据聚合与分析服务商。我们将逐一分析各种运营模式的特点、服务内容和盈利模式。

1. 面向消费者（C 端）的服务平台

代表企业包括企查查、天眼查、启信宝等。其模式特点是采集来自全国企业信用公示系统、中国裁判文书网、中国执行信息公开网、国家知识产权局、商标局、版权局等公开平台的数据，通过平台向个人用户提供便捷的查询服务，包括但不限于企业工商注册信息、股权结构、法律诉讼记录、信用评分等。用户可以通过简单的搜索获取目标企业的信用概况，帮助个人投资者、求职者等做出决策。其服务内容包括提供标准化报告、信用监控、风险预警等功能，部分平台还开发了移动端应用，便于用户随时随地查询。其盈利模式主要为会员订阅、按次查询付费等。

2. 面向企业（B 端）的专业服务提供商

代表企业包括企查查、天眼查、启信宝、新华信用等。根据企业发展情况，此类企业也可以同时推出 C 端模式。其模式特点是为企业客户提供深度信用评估报告、风险分析报告等定制化服务。这类服务往往基于更广泛的数据源和复杂的分析模型，满足企业客户在供应链管理、信贷审批、合作伙伴选择等方面的高级需求。其服务内容包括但不限于定制信息分析、企业信用评级、行业风险分析报告、大数据风控解决方案等。其盈利模式为年度服务费、项目咨询费或按照数据查询量计费等多元化收费模式。

3. 信用评估与撮合交易平台

代表企业包括闪银、76hui 等。其模式特点为结合数据分析与高级智能计算，对借款人进行快速信用评级，并基于评级结果为双方匹配合适的资金方，促进借贷双方的交易。其服务内容为提供信用评分、信用报告、贷款匹配、投资建议等，可以缩短借贷流程，提高交易效率。其盈利模式一般为交易手续费、服务费或者从贷款利息中抽取一定比例的方式。

数据聚合与分析服务商：代表企业包括芝麻信用、腾讯信用等互联网背景的征信机构。其模式特点为利用母公司生态系统内的海量数据资源，结合外部数据，构建综合信用评估模型。这类企业不仅服务于 B 端，也在一定程度上对 C 端开放信用服务，如信用分、信用租赁、信用支付等场景应用。其服务内容包括信用评分、个性化信用服务产品、信用应用场景拓展等。其盈利模式是通过构建一个信用生态系统，间接促进多种金融服务和商业活动，从而创造收益。

综上所述，不同模式的征信数据服务企业在市场定位、服务内容、盈利模式上各有侧重，但它们的共同点在于利用数据与技术手段提升信用评估的准确性和效率，以满足日益增长的信用经济需求。可以说，数据要素转化为数据产品是保证各模式高效运转的基石。

第 10 章
数据资产入表实践

10.1 首批数据资产入表的上市公司

在本书的第 2 章和第 3 章中，我们对《暂行规定》做了详细解读。《暂行规定》自 2024 年 1 月 1 日起正式施行，因此 2024 年被称为"数据资产入表元年"。目前上市公司第一季报已经披露完毕，我们可以复盘数据资产入表首次实践的结果。

第一家披露数据资产入表的上市公司是山东高速。最初披露数据资产入表的上市公司有 24 家，但有 6 家上市公司（喜临门、中闽能源、盛邦安全、金龙汽车、山东钢铁和中信重工）在首次公布 2024 年第一季度报告后补发了更正报告，将之前披露的数据资产全部修正为 0。最终，截至 2024 年 5 月 31 日，一共有 18 家 A 股上市公司在一季报中披露了数据资产入表的情况，约占 A 股全部 5 000 多家上市公司的 0.3%。表 10.1 展示了首批数据资产入表的 18 家上市公司。

从行业分布来看，有 12 家上市公司属于科技行业（电子、通信、计算机和传媒），占比 2/3。其中属于计算机行业的有 7 家，且二级行业都属于计算机软件。剩下的 6 家公司中有两家属于交通运输行业，涵盖公路和港口。最后 4 家公司分属于传统制造业（钢铁）、基建（建材、建筑）以及医药行业。这 18 家公司中有 6 家（山东高速、博敏电子、南钢股份、拓尔思、海天瑞声、开普云）属于工信部认定的专精特新企业。有两家公司（博敏电子、南钢股份）属于高新技术企业。首批数据资产入表公司在行业分布上的广度说明数据要素已经显现出广泛的影响力。图 10.1 展示了首批 18 家数据资产入表上市公司的行业分布情况。

表 10.1　首批数据资产入表的 18 家上市公司　　单位：亿元

A 股代码	公司简称	A 股市值（2024/3/31）	中信一级行业	中信二级行业
600350.SH	山东高速	414	交通运输	公路铁路
601298.SH	青岛港	398	交通运输	航运港口
300364.SZ	中文在线	197	传媒	媒体
300766.SZ	每日互动	54	传媒	广告营销
603936.SH	博敏电子	55	电子	元器件
001359.SZ	平安电工	53	电子	其他电子零组件Ⅱ
600282.SH	南钢股份	290	钢铁	普钢
300229.SZ	拓尔思	127	计算机	计算机软件
688066.SH	航天宏图	73	计算机	计算机软件
002401.SZ	中远海科	64	计算机	计算机软件
688787.SH	海天瑞声	44	计算机	计算机软件
688228.SH	开普云	33	计算机	计算机软件
301299.SZ	卓创资讯	28	计算机	计算机软件
688051.SH	佳华科技	16	计算机	计算机软件
600720.SH	中交设计	201	建材	结构材料
002061.SZ	浙江交科	96	建筑	建筑施工
300081.SZ	恒信东方	45	通信	增值服务Ⅱ
002044.SZ	美年健康	197	医药	其他医药医疗

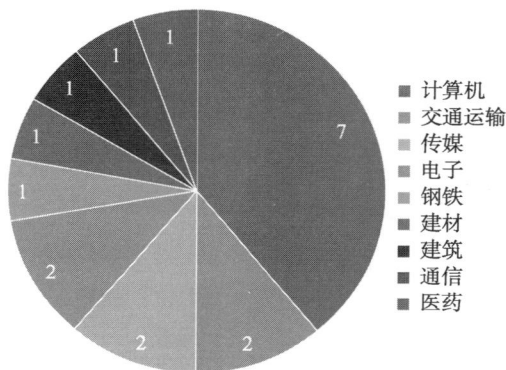

图 10.1　首批 18 家数据资产入表上市公司的行业分布情况

从上市地点来看，上海证券交易所和深圳证券交易所平分秋色，各占 9 家。此外，首批 18 家公司中有 4 家在科创板上市（航天宏图、海天瑞声、开普云和佳华科技），5 家在创业板上市（中文在线、每日互动、拓尔思、卓创资讯、恒信东方），其余 9 家在主板上市。

从区域分布来看，这 18 家上市公司分布在 8 个省和直辖市，绝大多数位于中国经济最发达的地区。其中，位于北京市的公司最多，有 6 家，占比 1/3。有 3 家位于山东省，江苏省、浙江省和广东省各 2 家，湖北省、上海市和甘肃省各 1 家。

从市值分布来看，这 18 家上市公司中的大多数属于中小市值公司。有 4 家的 A 股市值在 2024 年一季度末时超过 200 亿元，3 家在 100 亿元至 200 亿元之间，11 家在 100 亿元以下（其中 5 家在 50 亿元以下），中位数市值为 68 亿元。

从盈利状况看，这 18 家上市公司中在 2024 年一季度归母净利润为正的有 11 家，7 家出现亏损。2023 年全年归母净利润为正的有 12 家，6 家出现亏损。除美年健康外，其他出现亏损的上市公司都在科创板或创业板上市。其中在科创板上市的 4 家公司中有 3 家在 2024 年第一季度出现亏损，盈利的开普云也仅录得 28.5 万元的净利润。在创业板上市的 5 家公司中有 3 家出现亏损。科创板和创业板上市公司的亏损率较高与这两个板块上市公司的特征有关。传统企业的利润较丰厚，利润最高的公司是青岛港。表 10.2 列示了首批 18 家数据资产入表上市公司在 2024 年第一季度和 2023 年全年的归母净利润。

表 10.2　首批数据资产入表上市公司在 2024 年第一季度和
2023 年度全年的归母净利润　　　单位：元

A 股代码	公司简称	2024 第一季度归母净利润	2023 年归母净利润
600350.SH	山东高速	769 351 694	3 297 231 624
601298.SH	青岛港	1 316 828 018	4 923 321 689
300364.SZ	中文在线	(68 461 253)	89 436 871
300766.SZ	每日互动	(3 788 616)	(49 931 430)
603936.SH	博敏电子	26 142 014	(565 750 945)
001359.SZ	平安电工	42 686 642	165 787 802
600282.SH	南钢股份	553 932 299	2 125 293 958
300229.SZ	拓尔思	27 252 721	36 465 973
688066.SH	航天宏图	(150 679 355)	(374 205 669)
002401.SZ	中远海科	55 162 745	188 790 234
688787.SH	海天瑞声	(634 142)	(30 385 188)
688228.SH	开普云	285 176	41 153 783
301299.SZ	卓创资讯	24 812 243	52 064 657
688051.SH	佳华科技	(9 378 387)	(208 283 679)
600720.SH	中交设计	91 992 057	1 766 058 967
002061.SZ	浙江交科	186 172 874	1 347 545 731
300081.SZ	恒信东方	(30 745 585)	(281 328 054)
002044.SZ	美年健康	(286 618 132)	505 621 136

10.2　数据资产入表的定量分析

按《暂行规定》，数据资源可以确认为两类资产：无形资产和存货。对于处在开发阶段，尚未完成的数据资产，可以归类为开发支出。因此，在 2024 年上市公司一季报中，数据资产被划分为三个类别，分别是无形资产、存货和开发支出。在资产负债表上，数据资源作为被分类资产的二级科目列示。假设某公司有 300 万元无形资产，其中 100 万元是数据资源，则可列示为：

无形资产　　　　　　　　　　　　　　　　　　3 000 000

其中：数据资源　　　　　　　　　　　　　　　1 000 000

我们查阅了全部 18 家数据资产入表上市公司 2024 年第一季度的季报，将每家公司三项资产（存货、无形资产、开发支出）金额、各资产类别下的数据资源金额，以及数据资源占所属资产类别的比例都列示在表 10.3 中。

表 10.3　首批数据资产入表上市公司的具体披露信息　　单位：元

公司简称	项目	存货	无形资产	开发支出
山东高速	总数	968 453 976.37	74 305 311 535.46	2 423 091.94
	数据资源		364,767.90	
	占比	0.00%	0.00%	0.00%
青岛港	总数	42 044 546.00	3 110 030 019.00	45 639 463.00
	数据资源		258 518.00	
	占比	0.00%	0.01%	0.00%
中文在线	总数	41 278 122.98	342 248 212.59	5 754 431.29
	数据资源		449 055.80	
	占比	0.00%	0.13%	0.00%
每日互动	总数	10 537 892.89	177 734 449.71	0.00
	数据资源		12 836 884.11	
	占比	0.00%	7.22%	不适用

续表

公司简称	项目	存货	无形资产	开发支出
博敏电子	总数	487 435 109.62	99 090 033.42	568 058.22
	数据资源		1 817 619.46	
	占比	0.00%	1.83%	0.00%
平安电工	总数	212,274,176.43	71,109,072.71	0.00
	数据资源		783 254.03	
	占比	0.00%	1.10%	不适用
南钢股份	总数	8 734 004 402.78	4 216 246 711.59	1 022 893.43
	数据资源		151 802.52	1 022 893.43
	占比	0.00%	0.00%	100.00%
拓尔思	总数	23 550 859.36	358 534 060.04	4 202 794 369.93
	数据资源			6 280 025.37
	占比	0.00%	0.00%	3.10
航天宏图	总数	1 913 774 080.89	61 004 543.36	0.00
	数据资源		17 172 491.27	
	占比	0.00%	28.15%	不适用
中远海科	总数	592 724 414. 99	16 430 080.46	0.00
	数据资源		9 020 633.00	不适用
	占比	0.00%	54.90%	
海天瑞声	总数	6 896 750.86	69 565 886.72	0.00
	数据资源	6 896 750.86		不适用
	占比	100.00%	0.00%	
开普云	总数	221 496 135.68	13 280 009.50	16 052 302. 51
	数据资源		1 417 672.44	2 962 016.05
	占比	0.00%	10.68%	18.45%
卓创资讯	总数	129 584.93	35 176 994.11	0.00
	数据资源		23 405 137.13	
	占比	0.00%	26.74%	不适用
佳华科技	总数	37 427 757.21	64 758 213.32	1 711 296.80
	数据资源		0.00	1 711 296.80
	占比	0.00%		100.00%

公司简称	项目	存货	无形资产	开发支出
中交设计	总数	47 321 846.37	332 755 468.90	0.00
	数据资源		382 788.57	
	占比	0.00%	0.12%	不适用
浙江交科	总数	1 886 537 308.59	292 802 067.09	240 017.75
	数据资源			24 0017.75
	占比	0.00%	0.00%	100.00%
恒信东方	总数	426 362 020.16	145 011 718.87	5 810 093.41
	数据资源		24 603 317.34	
	占比	0.00%	16.97%	0.00%
美年健康	总数	214 985 851.10	341 225 144.62	28 312 537.15

深入分析全部 18 家首批数据资产入表上市公司的具体披露信息，我们观察到一些有趣的现象。

首先，披露的数据资源的总金额较小。所有 18 家公司三项数据资产的总和约为 1.03 亿元，其中最大来源是无形资产（约 7 866 万元），其次是开发支出（约 1 767 万元），最后是存货（约 690 万元）。最初 24 家披露的数据资源金额约 15 亿元，远大于最后披露的 1.03 亿元。这中间的差异主要来自两家公司——金龙汽车和中信重工，它们合计披露了 13 亿元数据资源（其中，金龙汽车披露了 5.84 亿元，中信重工披露了 7.16 亿元）。18 家公司的总市值超过 1 200 亿元，1.03 亿元的数据资产与之相比似乎微不足道。但是，我们认为披露的数据资源总金额较小的原因并非数据资源的价值很小，而是大多数公司采用了非常谨慎的会计计量原则，这与有关数据资产入表的会计实务仍在初始阶段，还有很多亟待厘清的问题有关。6 家公司发公告撤回最初披露的数据资源反映的正是这种情况。

其次，从数据资源所属的资产类别来看，划分为无形资产的最多，划分为存货的最少。有 11 家公司的数据资源仅划分为无形资产，4 家公司的数据资源仅划分为开发支出，2 家公司（南钢股份和开普云）的数据资源既有无形资产，也有开发支出，仅 1 家公司（海天瑞声）的数据资源划分为存货。值得一提的是，撤回的 6 家公司之前全部将数据资源划分为存货。数据资源要划分为存货，不仅需要该数据资源主要用于出售而不是自用，更重要的是该资源只能出售一次而不能反复出售。由于数据独有的非消耗性、共享性和非竞争性的特点，数据资源满足存货的确认条件较困难，而满足无形资产或开发支出的条件相对较容易。

最后，从数据资源占所属资产的比例来看，大多数较低，这与前述数据资源的总金额较小是一致的。但是，也存在一些数据资源占所属资产比例很大的情况。比如，南钢股份、佳华科技和浙江交科 100%的开发支出是数据资源，海天瑞声 100%的存货也是数据资源。此外，中远海科 54.9%的无形资产是数据资源。航天宏图、卓创资讯的无形资产中 25%以上来自数据资源，而恒信东方和开普云 10%以上的无形资产也属于数据资源。显然，数据资源的重要性因公司而异，对于中小科技类企业的重要性比较突出。

10.3 入表数据资源的具体内容

首批披露数据资产信息的公司大多数没有在一季报中详细说明入表数据资源的具体内容。仅美年健康、中远海科和卓创资讯三家公司在一季报中对入表的数据资源做了文字说明。

10.3.1 美年健康

"报告期内，公司的数据资源进一步落地应用，基于独有的累计过亿人次的影像数据及 2 亿人次的结构化健康数据和流量，加快推进'ALL in AI'战略，打造健康体检行业'新质生产力'。通过团检发展中心持续发力政企大客引领的 B 端业务升级，着重拓展'银行、通信、公安、能源、电力、教育'六大系统大客，推进团单大单签约，加强商机储备；通过个检发展中心持续快速推进面向 C 端的客户运营体系，深耕个检市场，不断加大数字化营销推进力度，强化订单前置；公司持续推广创新产品，持续发力胶囊胃镜、基因产品、脑睿佳等美年专检优质创新产品，提升非瓶颈科室的检能利用程度，为客户提供更加专业精准、便捷优质的健康管理方案。"

由于美年健康入表的数据资源全部划分为开发支出，所以季报中描述的数据资源应该还没有形成最终的数据产品。

10.3.2　中远海科

"公司'船视宝'系列产品是以船舶航行全生命周期行为的智能识别技术为基础推出的数字化产品，构建一系列面向船舶、港口、航线的分析、预测和预警模型，'船视宝'系列产品在全球船舶位置数据基础上，对船舶、港口、船期、气象及相关业务系统信息进行数据集成，并且建立高质量的航运大数据集作为关键生产要素。面向不同用户研发出调度宝、港口宝、航安宝、低碳宝、搜救宝、应急宝等 13 个 PC 端 SaaS 产品，准时宝、查船查港、台风气象、港口日历等 42 个小程序，71 个智能场景应用，可以通过 SaaS、API、半定制化等方式提供服务。截至 2023 年 12 月 31 日，'船视宝'系列产品研发推广项目完成研发验收流程，公司确认符合资本化确认条件，已转入无形资产核算。'船视宝'系列产品业务模式主要利用数据资源对客户提供服务，根据财政部相关规定，公司自 2024 年 1 月 1 日起将'船视宝'系列产品列报于'无形资产——数据资源'。"

中远海科的数据资源划分为无形资产，公司在季报中特别说明相关数据产品已经完成研发验收流程。

10.3.3　卓创资讯

卓创资讯是国内领先的大宗商品信息服务企业，经过多年的发展已经建立了完善的相关数据库，积累了大量的数据资源。这些资源是卓创资讯的资讯和数智服务的重要基础。可能是因为被确认为数据资产的数据资源内容众多，所以卓创资讯没有说明被确认为资产的数据资源是什么，但详细说明了数据资源为什么划分为无形资产，公司数据资产的成本构成，以及数据资产的摊销年限和摊销方法。

数据资源的资产类别："公司将数据资产作为无形资产核算，主要基于以下判断：①与公司数据资产有关的经济利益的实现方式主要是资讯服务、数智服务相关产品的直接或间接调用，以及极少数情况下对部分数据资源的非排他性使用权的对外出售，是内部使用和对外交易但并不主要依赖对外直接出售取得经济利益的双重使用业务模式，即公司持有数据资产的主要目的并非直接对外出售，而是作为服务于资讯服务、数智服务相关产品的底层数据；②公司生产的数据资产不具有实物形态。"

数据资产的成本构成："分析师（生产人员）根据公司的信息标准化准则和信息规范进行数据生产，主要包括信息采集、数据分析整理、信息质检入库等步骤，其基于公司成熟的方法论开展工作，属于开发阶段，对生产过程中发生的符合资本化条件的成本予以资本化。公司数据由分析师生产、入库，其生产过程中消耗的资源主要是分析师的智力投入以及设备、水电等资源，即公司数据资产的成本构成主要是分析师为生产数据所发生的职工薪酬以及所必需的设备折旧、水电费等。公司建设了分析师一体化平台系统，记录统计分析师的数据生产工时。根据分析师数据生产工时占其月度总工时的比例，对分析师发生的总成本进行拆分计入当月的数据资产成本。"

摊销年限和摊销方法："公司的数据资产主要服务于资讯服务、数智服务相关产品，相关产品对数据的调用年限通常为 1～5 年，结合数据本身具有较强的时效性，因此公司选用年数总和法按 5 年对数据资产进行摊销。"

此外，基于公开信息，此次山东高速实现入表的数据资产包括财务共享中心财务智能分析平台、高速股份路网车流量、通汇资本对公数字支付科技平台数据监测产品三大数据应用场景。2024 年 3 月，青岛港在青岛数据资产登记评价中心进行了"干散货码头货物转水分析数据集"的数据资产登记，并基于该项数据资产登记完成了数据资产入表工作，成为全国港口行业首个干散货作业数据资产入表的实践案例。拓尔思也在上海数据交易所、北京国际大数据交易所、贵阳大数据交易所等挂牌了数据产品，成为其数据资产入表的依据。

10.4　首次数据资产入表反映的潜在问题和风险

数据资产入表是促进数据要素市场化的一项重大实践。尽管首批数据资产入表的公司数量不多，入表的数据资产总金额也不高，但千里之行始于足下，首次入表的深远意义不可低估。首次入表也反映出一些问题和风险，主要集中在数据资产的科目选择以及数据资产入表带来的潜在道德风险。需要特别强调的是，任何将费用化转变为资本化的会计处理都可能会带来一定的道德风险，这并非数据资产入表的独有特征。

10.4.1　数据资产的科目选择

数据资源可以确认为三种资产：无形资产、存货、开发支出。其中，开发支出适用于尚处在开发阶段，还没有最终形成、通过验收的数据产品和服务。通常对开发支出的确认较直接，因此我们不做讨论。由于数据的非消耗性、共享性等特点，数据资源被确认为无形资产是最常见的，首批数据资产入表的实践也反映了这一点。即使算上撤回数据资源披露的公司，无形资产也是数据资源被划分最多的资产类别。

此次数据资产入表反映在会计实务上最大的问题就是数据资源确认为存货的问题。《暂行规定》指出企业使用的数据资源，符合《企业会计准则第 6 号——无形资产》（财会〔2006〕3 号）规定的定义和确认条件的，应当确认为无形资产；企业日常活动中持有、最终目的用于出售的数据资源，符合《企业会计准则第 1 号——存货》（财会〔2006〕3 号）规定的定义和确认条件的，应当确认为存货。通俗而言，企业持有的数据资源如果最终目的用于出售，也即出售过程伴随权利转移，导致出售数据资源后，企业无法再对其进行控制或施加重大影响的，则确认为存货，否则确认为无形资产。此次披露数据资产的上市公司中，最初有 7 家公司将数据资源确认为存货，且金额巨大。最终这 7 家公司中有 6 家撤回了将数据资源确认为存货的选择，大多将存货-数据资源改为合同资产。合同资产是企业已向客户转让商品而有权收取对价的权利，且该权利取决于时间流逝之外的其他因素。也就是说合同资产的客户、出售的商品或服务已经定了，但商品尚未完成，收款时间也未定，需要企业完成合同规定的要求后，再和客户商量具体收款时间。而存货指商品已经生产完成，但还未售出，即客户和收款时间都未定。从企业的实践来看，对于数据资源怎样可以确认为存货可能存在一些疑惑，后续需要有关部门给出更明确的指引。

10.4.2 数据资产入表带来的潜在道德风险

数据资产入表带来的潜在道德风险主要体现在两方面，一是故意高估数据资产，二是故意低估数据资产。大多数的分析都集中在前者，前者也确实更普遍，但后者的情况也存在，尤其是对未上市的公司。

高估数据资产的动机主要来自虚增利润，或者虚增资产。数据资产入表的核心是将过去费用化的数据资源相关支出资本化，而资本化会在当期减少费用、增加利润，同时增加资产。因此，高估数据资产的一种方式是过度资本化，甚至将一些与数据资产成本无关的费用（比如交易成本）都进行资本化。高估数据资产的另一种方式是人为压低摊销和减值。一些亏损的企业可以通过高估数据资产来达到暂时盈利的目的，从而避免被强制退市。此外，对于试图通过虚构利润来拉高股价的公司，高估数据资产也是可能采用的手段。但是，这种手段不过是拆东墙补西墙，除非持续不断地造假，否则通过高估数据资产只是虚增当期利润，但会压低未来的利润。由于企业可以使用入表的数据资产进行增信、抵押贷款、再融资等，资金紧张的公司也可能通过高估数据资产来达到融资的目的。最后，一些初创科技企业可能会有通过拔高数据资产来吸引投资者的动机。

低估数据资产的动机主要是避税。这是因为低估数据资产会降低利润，从而降低当期所得税。未上市公司没有股价方面的考虑，避税的动机会比较强。不过，综合来看，高估数据资产带来的风险远大于低估数据资产的风险。

从监管的角度看，不能忽视数据资产入表带来的潜在道德风险。尽管这种风险无法根除，但监管部门可以通过更细致的指引、更严格的审计，以及更严厉的事后处罚来遏制公司滥用数据资产入表政策。

第 11 章
数据资产评估与入表面临的挑战

11.1　数据资产入表的一小步，数据要素市场化的一大步

　　2019 年，中国首次将数据与劳动、资本、土地和技术并列为基本生产要素，这是我国在数字经济上的理论创新，也是大力发展数字经济的宣言。数字经济的重要组成部分是数据价值化，而实现数据价值化有三个步骤，由前到后分别是数据资源化、资源产品化和产品价值化。数据资产入表正是产品价值化的表现方式。

　　我国是首个允许数据资源在满足一定条件的基础上，可以确认为数据资产并计入财务报表的国家。从会计理论的角度看，数据作为一种新型资产被允许入表只是会计理论发展的一小步，并不是对现有会计理论的重大改变。在此之前，国际财务会计准则也做出了允许研发费用入表的决定，即允许研发费用在满足一定条件的基础上被视作资产并计入财务报表。但是从数据要素市场化的角度看，数据资产入表是一大步，因为它从制度上肯定了数据要素具有实际、可计量的价值，并尝试在企业的财务报表中对数据要素的价值进行确认、计量、记录和报告。由于企

业的财务报表是社会经济活动中极为重要的信息来源，数据资产入表对于推进数据要素市场化的重要性不言而喻。

2024 年第一季度是数据资产正式入表的第一个季度，A 股 5 000 多家上市公司中共有 18 家公司披露了数据资产入表，占比不足千分之四，披露的数据资产的总金额也仅略超 1 亿元。我们认为首批数据资产入表实践的结果反映的是企业在数据资产入表上的谨慎态度，而不是企业拥有的数据资源微不足道。企业持如此谨慎的态度反映了数据资产评估和入表实务中存在的困惑和面临的挑战。我们将这些困惑和挑战总结为"数据资产入表八大模糊认知"和"数据资产入表十大难点问题"，同时以对比分析的方式解析《关于加强数据资产管理指导意见》（以下简称《指导意见》）与《暂行规定》的区别①。

《指导意见》是财政部在《暂行规定》之后颁布的，第一份以数据资产为管理对象且无差别适用于所有市场主体的政策文件，它明确了数据的资产属性，有利于达成数据资产作为数字经济时代新兴资产类型的社会共识。相比《暂行规定》，这份文件在充分考虑我国宏观经济情况与市场经济运行规律的基础上，以全局性、普适性、实践性为主要特点，从资产管理角度强调了释放数据要素价值、数据资产赋能实体经济发展的顶层设计思路。综合比较《暂行规定》和《指导意见》，我们可以发现以下几个要点：

（1）《指导意见》强调普适性，无差别适用于各类市场主体，但对企业执行端约束力不强，主要依赖企业主动和自觉，而《暂行规定》具有法定强制性。就目前市场主体的情况而言，很多企业对数据资源、数

---

① 本部分原文发表在《经济责任审计》杂志 2024 年第 5 期：《十年育新机　无相化有形　解析关于加强数据资产管理的指导意见》，作者系中国经济信息社有限公司赵丽芳和上海信息投资股份有限公司山栋明。

据产品、数据资产存在认知不足的现象，到底什么样的数据资源可以入表，入表入的是什么，入表之后有哪些经济后果，无论是产业界还是学术界都莫衷一是。对企业而言，《指导意见》虽具有普适性，但显然在适用对象都不明确的前提下，企业执行层面具有相当大的挑战。《暂行规定》明确以企业为主体，行政事业单位不适用，且作为会计准则，《暂行规定》具有法定强制性，企业应该根据要求确认数据资产并进行会计计量和列报。截至 2024 年 4 月 30 日，A 股上市公司已经有开普云、南钢股份、拓尔思、航天宏图等 23 家明确在报表中列示了数据资源科目。

（2）《暂行规定》作为会计准则，在资产确认、初始计量和后续计量方面只形成初步指引，并未提供应用指南，导致企业在实践操作时很难从海量数据资源库中明确哪些可以确认为数据资产，哪些不能；同时，很多企业内部对于数据资源治理和产品开发并未实行精益管理，导致它们在数据产品层面"成本或价值可靠计量"这一条很难满足条件，也就不能顺利"入表"。《指导意见》在数据资产管理的方法方面，具有相当强的实操性，如提出数据资产卡片等实践方式，并且把数据采集、合规利用、产权认定、评价体系、收益分配等全流程都涵盖进来。随着市场主体对数据资源和数据资产的认知水平提升，企业可以更好地参照《指导意见》来完善数据资产管理办法。

（3）《指导意见》强调推动公共数据资产化，对于公共数据市场化运营、收益分配机制、商业应用场景等的研究和落实具有强指引，公共数据运营企业可以参考《暂行规定》推进相关投入资本化操作。《暂行规定》的主体是企业，主要适用单体企业自主采集、采购、积累或授权获得的数据资源进行清洗、标注、治理等投入进行资本化操作，但没有明确提出公共数据相关的利益主体，以及产业链上各主体在数据资产入表时的可行路径。当然，会计准则几乎不可能聚焦单一场景来明确操作，即使是应用指南也不可能如此细分。《指导意见》更加聚焦了公共数据资产管理的实践方式，提出了很多监管部门和企业可以直接借鉴操作的办法。值得注意的是，《指导意见》也是第一份明确提出公共数据资产化的政策文件。

除此之外，《指导意见》提出在授权范围内推动可开发利用的公共数据资产向区域或国家级大数据平台和交易平台汇聚，以及数据资产交易平台应对交易流通情况进行实时更新并定期进行信息披露，促进交易市场公开透明。这一措施有可能为公共数据授权运营的安全合规提供基础设施保障，为数据交易所支撑公共数据分级分类资产化运营提供重要推动力，但就目前数据交易与数据商品交易的现状来看，问题也是显然存在的，如企业请第三方合规评估机构出具评估报告，经数据交易所形式审查后完成产品挂牌，又以"产品挂牌"自证数据资源和数据产品满足合规要求，可能会导致很多不合规的市场主体借平台公信力"粉墨登场"，尤其是未来我国设立国家数据交易所，更应该明确平台的功能定位和监管制度。

11.2　数据资产入表八大模糊认知[①]

数据资产入表指对满足资产确认条件的数据资源通过资产负债表进行列示和披露，以提供内外部信息使用者决策所需的会计信息。《暂行规定》对什么样的数据资源满足数据资产的确认条件，以及如何进行初始和后续会计计量给出了原则性指导，但缺乏对复杂场景的具体指导意见，

---

① 作者系上海市财政局乔元芳和中国经济信息社有限公司赵丽芳，原文标题《解析企业数据资产入表的八大模糊认知》，拟发表在《企业管理》杂志。

实践中存在很多模糊认知。

11.2.1　数据资产入表不是会计政策的根本改变

《暂行规定》并未从根本上修改企业会计准则，但放宽了特定资产认定的适用范围，有效提高了数字经济时代会计信息决策的有用性，大幅提升了全社会对数据资源重要性的认识，为未来更规范地处理数据资源，更好地发挥数据资源的作用确立了坚实基础[①]。《企业会计准则第 28 号——会计政策、会计估计变更和差错更正》对会计政策变更和会计差错更正作出明确规定，要求企业采用的会计政策在每一会计期间和前后各期应该保持一致，不得随意变更，但法律、行政法规或国家统一的会计制度等要求变更，抑或会计政策变更能够提供更可靠、更相关的会计信息的可以变更。因此，企业根据《暂行规定》在 2024 年推进数据资产入表，符合企业准则规定。此外，《暂行规定》基于现行会计准则，要求企业根据业务模式、应用场景等，按确认计量要求将数据资源确认为无形资产、存货或开发支出这三种已经存在的资产类别，并没有创造出新的资产类别，因此数据资产入表的会计政策是现有政策的延续和补充，而不是根本改变。

11.2.2　数据不自动等于数据资源，数据资源也不自动等于数据资产

时任财政部会计司司长舒惠好（现任财政部党组成员、部长助理）在 2023 年全球数商大会的发言中强调，企业要破除"凡数据皆资源，凡

[①] 刘峰等，2023。

数据皆能入表"的错误观念。数据资源是经加工后具有价值的数据，并非所有数据经过加工，都有明确的价值。数据资源要能被确认为数据资产需要满足两个条件：①企业对数据资源有所有权或控制权；②数据资源能带来明确的经济利益。企业可以使用但不拥有或控制的数据资源不是数据资产，不能明确带来经济利益的数据资源也不是数据资产。目前市场上出现很多"先评估后入表"的新闻报道，实际上存在误导。在数据尚未有明确商业应用场景的情况下，将通过评估可能产生经济利益流入的数据资源入表，大多是犯了"凡数据皆能入表"的错误，也与《暂行规定》的本质要求相违背。《暂行规定》强调以实际支出入账，并结合充分披露来体现企业数据资源的价值，这意味着企业应该充分论证和评估数据资源的使用价值和交换价值，对数据资源进行实质性加工或者创新性劳动，形成成熟的数据产品，之后再根据《暂行规定》的确认计量要求推进数据资产入表。

11.2.3　企业不能选择性执行《暂行规定》

《暂行规定》是企业会计准则的有机组成部分，企业应当按照要求执行，不能选择性执行。企业在执行《暂行规定》时，大多面临着资产确认难、成本核算难、后续计量方法选择难等诸多挑战。例如，海通证券、浦发银行、中债估值等在数据产品层面确认数据资产时都有困难，中国经济信息社的数据产品"新华财经""新华信用"等在投入和产出核算中面临成本计量困难，合合信息、拓尔思等上市公司在数据资产后续计量时也存在较大挑战。但有些企业认为，《暂行规定》是一道选择题，可以执行也可以不执行，这同样是一种错误观念。《暂行规定》是基本会计准则的一部分，所有遵守企业会计准则体系的企业都应该严格执行。

11.2.4　数据作为一项重要的生产要素，并非入表才可显示其价值

数字化转型使得企业的数据资源在经营活动和商业创新中发挥的作用越来越大，这一观念已经成为社会共识。数据资源确认为数据资产并入表是体现数据要素价值的一种方式，但不是唯一方式。传统产业可以依靠数据来实现降本增效（如中核供应链和鞍钢股份），新兴产业（如智能驾驶的代表性企业 IAE 智行众维）依靠新技术和数据要素的加持实现了快速发展。《暂行规定》发布之前，金融行业就在日常营销和风险控制行为中充分挖掘业务积累的数据资源，也持续不断外采数据资源，如工商银行每年外购数据资源的金额达数亿元。这些数据资源的采购费以及治理成本原来大多是费用化处理了，但这些数据资源所形成的营销类或者风控类数据产品，类似于企业内部使用的软件等无形资产，在产品生命周期内具有长期使用价值。显然，数据并非只有入表才能体现价值，只要企业对数据资源进行实质性劳动或者创新性加工，在生产经营中能够发挥数据应有的功用，就可以通过各种各样的经济活动体现其价值。国家培育和建设数据要素市场之后，企业可以通过数据交易与流通市场，通过多场景复用、多主体共用的模式释放数据要素的多重价值，真正实现"数据要素×"的倍增效应。

11.2.5　企业在 2024 年之前已经费用化的数据方面支出不能追溯确认为数据资产

《暂行规定》明确说明数据资产入表自 2024 年 1 月 1 日起开始执行。因此，企业将 2024 年之前已经费用化的数据相关支出重新调账确认

为资产的做法不符合《暂行规定》要求。例如，企业在 2023 年将实质是数据资产的支出已经费用化处理，2024 年也无法将这部分费用重新调整进入资产项。但是，如果企业在 2023 年已经开始开发一项数据资产，由于在年末依然处于开发状态，于是将其中一部分符合资本化条件的支出计入"研发支出"科目并在资产负债表上列示为"开发支出"，这部分支出在 2024 年可以继续在"研发支出——资本化支出"科目核算，若 2024 年季度末和年末仍未完成数据产品开发，则可以在资产负债表上列示在"开发支出"项下并以"其中：数据资源"详细列示其金额；待数据产品完成开发后，则应从"研发支出"科目的余额转入"无形资产——数据资源"科目，在资产负债表上列示在"无形资产"项下并以"其中：数据资源"详细列示其金额。如果符合存货确认条件，则应从"研发支出"科目的余额转入"存货——数据资源"科目，在资产负债表上列示在"存货"项下并以"其中：数据资源"详细列示其金额。

11.2.6　数据资产入表的初始价值是成本，而不是评估价值

试图通过提高数据资产的评估价格来做大资产规模，不仅动机上是错误的，实践中也是行不通的，因为按评估价入表的做法不合规。《暂行规定》明确规定应以成本法来衡量数据资产的初始价值。数据资源的价值可以体现在产品的售价上，但不能以评估价列示于资产项。无形资产准则和存货准则都没有初始计量环节采用评估价值计价的规定。资产评估是在评估基准日对特定资产的市场价值进行评定和估算的专业行为，目标是发现资产的真实价值，促进资源优化配置，并非为了一味做大资产规模。数据资源评估可以在两个方面起到释放数据要素价值的功能：一是通过排摸数据资源，对数据库进行治理和挖掘，形成对企业降本增

效或者商业推广有价值的数据集；二是通过对可行商业场景的研究，充分释放数据资源的使用价值和交换价值，并且通过产业链上下游数据共享和跨行业数据共用，实现数据要素价值放大、叠加和倍增效应。

11.2.7 《暂行规定》并不适用于行政事业单位

《暂行规定》的标题里明确了适用对象是"企业"，不适用于行政事业单位。行政事业单位会计处理适用于《政府会计准则》（财政部令第78号）。虽然政府会计准则制度对资产的定义与企业会计准则高度一致，但并不意味着行政事业单位可以按照企业会计准则确认数据资产。不过，财政部资产管理司相继出台了《关于加强数据资产管理的指导意见》和《关于加强行政事业单位数据资产管理的通知》，标志着数据资产不仅仅是企业的行为，行政事业单位也应该做好数据资产管理工作。需要强调的是，财政部上述文件仅为资产管理要求或者财务规范要求而非会计处理规定。行政事业单位的数据资产如何确认、如何计量，需要政府会计准则制度进一步明确。行政事业单位的数据资产和企业的数据资产在形成过程中都面临着收益分配、权属确认等相关问题，这是对《暂行规定》执行效果的一大挑战。

11.2.8 数据资产化并非没有风险

数据资产化也存在风险，企业应该客观审慎对待并有清醒认识。数据资产化的风险点主要包括：①确权风险，即企业数据资源在流转过程中存在使用合规性风险，或者虽然使用无风险，但产品化和商业化之后可能存在潜在风险；②资产确认风险，即在产业界对数据资源和数据资产概念尚未达成共识的前提下，有些企业混淆了资源和资产的概念，将数据资源的使用价值错误地当作长期可持续的经济价值来确认，存在数据资产泡沫化的风险；③初始计量金额审计风险，即大多数数据要素型企业并未就数据产品的精益管理形成科学方法，财务人员确认的初始计量金额可能存在审计不认可的风险；④后续计量方法选择不当风险，即数据产品在特定商业场景中的使用年限、使用频率在无参照物的前提下，财务人员可能面临无法确认数据资产摊销方法或者摊销期限的情况，也有可能因为摊销方法和期限选择不当导致数据资产入表对企业报表产生重大负面影响。以上风险点仅针对企业数据资产入表实践操作，尚未深入分析数据资产金融化、数据资产减值等方面的其他潜在风险。

11.3　数据资产入表十大难点问题[①]

结合对企业数据资产入表案例的调查研究，以及 2024 年一季度 A 股上市公司数据资产入表的实践，我们总结了数据资产入表的十大难点问题，并提出了应对方案。我们重点讨论数据资源被确认为无形资产的情况。开发支出中的数据资源在开发完成后会转为无形资产，因此可视为无形资产的半成品，因此不做单独讨论。此外，由于目前案例中数据资源被确认为存货资产的情况很少，这里也不做讨论。

11.3.1　数据资源确权难

"数据二十条"创新性地提出了数据资源持有权、数据加工使用权、

---

　　① 作者系中国经济信息社有限公司赵丽芳与上海数据交易所刘小钰，原文发表于上海数据交易所公众号：《数据资产入表十大挑战与处理办法》。

数据产品经营权"三权"分置的确权路径。在实践中，企业的数据来源包括通过公开渠道自主采集的数据、企业业务中积累但涉及顾客个人信息的数据，以及企业采购的数据。各种不同渠道的数据来源如何确权，如何明确说明是"企业拥有或控制的"，依然是数据资产入表的第一大难题。针对这一问题，我们首先建议社会各界继续加强关于"三权"的研究，为"三权"的实践路径提供制度保障；其次，企业应从自身角度出发规范化、合规化数据加工相关的流程，尤其是采集方式、购买合同、数据内容、加工流程等可能产生合规风险的环节，必要时可以请律师事务所等机构协助确权。数据资源开发利用的前提是合法合规，保护公共安全和相关市场主体的隐私安全。

11.3.2　数据产品成本归集难

数据资产入表是对满足资产确认条件的数据产品进行会计核算，并在资产负债表列示与披露的过程，但我们发现，企业在数据产品的管理过程中，更多的是从满足特定需求为出发点，数据采集、清洗加工、建模开发、安全存储等环节的成本管控做得相对粗放，且数据业务部门和财务部门之间存在较大程度上的信息不对称，以致数据产品成本归集存在困难，进而导致入表时成本归集难。我们认为，数据产品成本归集问题应该根据业务流程进行深度优化，一方面从理论层面研究数据产品这一类无形产品的精益管理，另一方面结合企业实践对数据产业链进行科学规划，合理布局数据加工链条中涉及的部门并落实工时管理系统，为数据产品开发流程中相关成本投入的可靠计量提供可靠依据。数据产品成本归集之难，暴露了目前大多数企业的业务部门与财务部门融合工作推进程度较低的实际情况，也意味着企业需要深度提升整个企业管理的数字化水平。

11.3.3　数据产品收入与成本匹配难

数据产品收入与成本匹配难一般是企业数据产品管理能力欠缺导致的。通常，不同的数据产品是为了满足特定细分场景的需求来研发的，但顾客的需求往往是综合的，所以企业跟客户之间的销售合约往往是多个数据产品打包销售的模式。不同的顾客可能有不同的组合产品包，且企业营销策略可能由于针对不同类型的客户而存在差异，导致数据产品收入与成本匹配存在较大难度，这对企业数据产品管理提出较大挑战。我们建议，企业一方面应该建立数据产品管理目录，对于商业模式相似的同类数据产品统一管理，尤其是调用同一基础数据资源库的产品；另一方面形成数据产品投入产出评价体系，科学合理分析不同类别数据产品的实际价值，为内部产品研发、营销策略等决策提供支持。上海数据交易所在数据资产入表案例研究中已经协助一些企业形成有关数据产品的管理目录，并着力探索企业数据产品如何借力场内交易组织平台提高管理效率的方法。

11.3.4　数据资产确认难

入表指的是在资产负债表中列示确认为无形资产的数据资产达到使用状态之前的"投入"中满足资本化条件的部分。个人和企业活动每天产生大量的数据，企业持续不断地进行数据采集、清洗、加工和生产，甚至数据产品在满足特定需求之后也依然需要不断投入去满足顾客对于检索、风险事件预警等资讯时效性的要求，这一业务模式导致数据产品达到预计使用状态的时点难确认。数据资产的这一特性与传统软件类无形资产存在较大差异，即达到预定使用状态之后企业依然要持续投入才能确保数据产品的使用有效性，这是目前数据资产确认的最大挑战。有的企业采集公开数据生成实时资讯类报告或舆情类产品销售给客户，这一类产成品的特征是生产周期短、时效性非常强，且大多数产成品不具备超过一年的长期使用价值，即这一类产品虽然确实给企业带来了经济利益流入并且成本能够可靠地计量，但很难确认为数据资源无形资产。研究发现，如果企业以数据作为生产要素，那与数据业务相关的投入有一大部分本质是主营业务成本而非计入费用，合理记录有助于企业评估数据产品毛利率等关键指标。有的风控类（或产业类）数据产品时效性相对较弱，客户一般要检索过去 3~5 年的历史数据，但客户同时会要求产品供应方持续提供一年以上相关目标产品的实时数据更新，这意味着数据产品的交付不是一次性交易，而是长期合同的履约模式，这为该数据产品的确认和初始计量都带来了挑战。我们建议，企业和审计机构应该审慎判断数据产品的生产过程和使用场景，重点考察数据产品时效性特点，不应简单地以数据业务的持续性作为数据资产的确认标准。

11.3.5　数据资产研究阶段与开发阶段区分时点确认难

根据对大量企业的深入调研，我们发现大多数的数据产品是在需求驱动的场景下进行研发的，但也有一些数据产品是企业在对积累的数据资源进行治理时满足了部分需求，进而继续加大投入进行数据资源商业化运营的。在这种情况下，对于满足资产确认条件的数据产品，如何区分研究阶段和开发阶段就显得至关重要，可能会直接影响企业数据资产的初始规模。我们建议，对满足长期需求、符合数据资产确认条件的数据产品，在研究阶段结束时应该通过立项的方式确认开发时点，并尽可能量化后续开发阶段的人力和设备投入，为数据资产成本或价值可靠计量提供依据。

11.3.6　公共数据运营模式入表难

目前，公共数据授权给相关企业进行开发依然是很常见的模式，企业将数据资源开发形成模型类、核验类产品以接口形式提供给社会。一般情况下，公共数据授权部门和企业以接口调用次数进行收益分成，而在这种模式下，被授权主体的收入与成本同时发生，导致公共数据授权费不满足资产确认条件，难以形成企业报表数据资产。针对这种情况，我们建议企业提前做好授权合约的设计和规划，通过收益管理和合约管理，可以将期初支付给授权机构的授权费用，以及数据产品开发相关的人力和设备投入，在数据产品符合数据资产确认条件时进行资本化。之后，我们建议企业一方面应该继续探索公共数据运营模式，深入研究公共数据定价，另一方面应继续研究数据二十条提出的"由市场评价贡献、由贡献决定报酬机制"的实践方式，为公共数据产业链上相关的参与主体提供制度保障。

11.3.7　数据资产预计使用寿命确定难

数据产品可以按照使用场景分为三大类：舆情类、营销类和风控类。舆情类数据产品的生命周期大概率小于一年，不能满足无形资产的确认条件。营销类和风控类数据产品的生命周期大于一年，可以确认为数据无形资产。如前所述，企业数据产品是为满足特定细分场景的需求而设计的，而特定需求时效性如何判断往往存在较大困难，同时数据产品是否能持续满足特定场景的需求也存在疑问，如由于消费者的偏好持续变化，支持精准营销或其他营销策略的数据产品，往往在使用初期对于新客户获取或老客户复购的效果较好，但随着时间推移，企业研发的营销类数据产品的使用效果会出现明显边际效用递减的特征，此时就需要企业优化营销模型甚至开发新的营销产品。基于此，营销类数据产品的预计使用寿命实际为几个月到一两年不等，很少有持续且集中为企业带来经济利益流入超过三年以上的营销类数据产品。而风控类数据产品的使用寿命则一般都比较长，以银行为企业客户提供授信的场景为例，一般情况下，银行会考察企业过去几年的经营情况，也会同时请提供企业舆情追踪的企业监测授信期该客户的风险事件，即某个时点新进入的银行客户会至少使用某企业客户的数据超过 3 年，有些甚至在 5 年以上。我们建议，一方面企业应该通过客户分析、客户调研等合理判断数据产品的使用寿命，另一方面审计机构应该通过全市场同类产品的对比来确认企业所提供的判断是否合理，严格把关财务报告关于数据资产摊销年限的选择。

11.3.8　数据资产摊销方法选择难

一般来说，无形资产的摊销方法可以选择直线摊销法或者加速摊销法，如年数总和法。在合理预计数据资产使用寿命时，我们认为应该审慎判断数据产品在需求场景中发挥作用的具体方式，尤其是对于时效性比较强的数据产品，建议应该用年数总和法等加速摊销方法。对于生命周期较长的数据产品，企业也应该在使用期限内紧密观察效果，如果出现销售不达预期或者其他不利情况，应该遵循不高估资产的原则，及时调整数据资产的账面价值。建议企业应该根据自身业务模式，严格审慎地选择适合的摊销方法，并一致地运用于各会计期间。

11.3.9　内部使用数据资产确认难

金融机构和传统工业企业在数字化转型的过程中积累了大量的数据资源，并且对这些数据资源进行开发利用，支持企业各项业务，以实现降本增效的目标。在对数据资源开发利用的过程中，企业往往会形成一定规模的内部使用型数据资产，确认内部使用数据资产较确认对外提供服务的数据资产更难。首先，内部使用数据资产的预期经济利益流入很难评价。其次，对于拥有多平台、多产品的银行和证券等金融机构来说，成本或者价值可靠计量这一条也很难实现。目前，有的金融机构已经开始着手搭建内部数据产品的管理平台，从数据资源采购到数据产品开发进行全流程管控，这是一个很好的尝试，也为内部使用数据资产的可靠计量奠定了良好基础。我们建议，企业内部使用的数据资产可以参考内部使用的软件，首先制定内部使用效果评价体系，从量化指标上确认该数据资产的确起到了降本或者增效的效果，其次根据同行业或者公司历史研发的数据产品合理判断使用年限，审慎地对内部使用的数据资产资本化。

11.3.10　数据资产税会差异应对难

税会差异指税法与会计政策对同一事项有不同的处理方法。比如，企业会计上对于数据无形资产可以按照预计使用寿命加速摊销，如 3 年或者 5 年，但税法规定无形资产在不低于 10 年的摊销期限内，按照直线法计算的摊销费用准予扣除。因此，税会政策差异会导致企业需要支付较高的当期所得税费用。此外，确认数据资产意味着企业将按过去费用化处理的支出计入资产，而这部分支出原本企业可以在所得税前享受加计扣除的税收优惠。因此，税会差异导致两个结果。第一是企业的研发费用减少，对于申请高新技术企业或者 IPO 的企业来说，可能无法满足研发费用占收入比例的要求。第二是企业当期缴纳税费可能增加，对现金流产生影响。虽然税会差异并不是永久性的，只是时间性差异，但为了有效支持数据要素市场的发展，我们建议应该推进税法相关配套政策研究与实施。

数据资产入表是数字经济时代一个新的具有挑战性的课题，既需要产学研各界共同发力，前瞻性创新数据资产会计处理，也需要就数据产品精益管理理论进行深入研究，同时还要研究相应的制度保障和第三方服务商（如律师事务所、审计机构、评估机构等）的监督机制。

第 12 章
数据资产评估与入表的未来机遇[①]

12.1　数据与新质生产力

我们正站在科技革命和产业变革的浪潮之巅，数据和算力正以惊人的速度增长，成为推动社会经济发展的强大引擎。2014 年，我国首次将大数据写进政府工作报告。2019 年，我国首次提出将数据提升至基本生产要素。2024 年，我国首次实行数据资产入表。从大数据到数据要素，从数据要素到数据资源，从数据资源到数据资产，每一层递进都将数据的重要性推向新的高度。2024 年还有一个新概念受到广泛关注和讨论，那就是"新质生产力"。新质生产力的本质是先进生产力，核心是创新，关键是质优。提出新质生产力的背景是数字经济的大发展，而数据作为数字经济时代的基础性和战略性资源，是新时代科技创新的关键要素。激活数据要素的价值，推动生产力的跃迁升级，是在数字经济时代培育

[①] 章节部分内容作者系上海市信息投资股份有限公司山栋明，原文标题《释放数据要素价值　赋能新质生产力》，发表在《企业管理》杂志 2024 年第 7 期。

和发展新质生产力的核心。

海量的数据和先进的算力为我们培育新质生产力提供了坚实的基础。大数据、人工智能等前沿技术正在迅速改变各行各业，战略性新兴产业和未来产业正在开辟新的赛道、塑造新的动力、形成新的优势，成为我国科技创新的先锋。经过多年的发展，我国已经凭借完善的产业体系、庞大的市场规模、丰富的数据资源和多样化的应用场景等优势，在许多新技术领域取得了长足的进步，为战略性新兴产业和未来产业提供了广阔的发展空间。如何挖掘数据的无限潜力，创造令人瞩目的应用场景，培养和推动新质生产力的发展，已经成为我国科技自立自强的关键所在。

在如何释放数据潜能、筑基新质生产力方面，国家权威机构，中央网络安全与信息化委员会办公室和国家互联网信息办公室，给出了三点建议[1]。

12.1.1　完善数据基础制度是前提

尽管已经发布了很多政策，但我们仍需持续加快构建数据基础制度体系，不断完善和优化顶层设计，释放数据要素的潜能，推动数据驱动型创新，倍增科技创新效能。在上一章里我们讨论了数据资产入表面临的挑战和困难，很多困难和挑战来自数据资产这种新型资产特有的复杂性，而要解决这些挑战和困难需要有全面、完善、创新的制度设计。

12.1.2　打造典型应用场景是基础

数据的价值在于应用，应用的关键在于场景。应结合不同行业的基

---

[1] https://www.cac.gov.cn/2024-02/29/c_1710883024536400.htm.

础条件和数据禀赋，尤其是颠覆性技术和前沿技术，推动数据要素在不同场景、不同领域的使用，破解传统性约束，扩展生产可能性边界，寻找不同场景下的"最优解"。要把挖掘高价值数据要素应用场景作为主攻方向，探索一批跑得通、有成效、可复制推广的典型案例。这也正是国家数据局联合其他十六个国家部委在 2023 年年底发布《"数据要素×"三年行动计划（2024—2026 年）》的初衷。行动计划不但提出了数据要素赋能的十二个重点方向，而且要求在 2026 年年底行动结束的时候能"打造 300 个以上示范性强、显示度高、带动性广的典型应用场景，涌现出一批成效明显的数据要素应用示范地区，培育一批创新能力强、成长性好的数据商和第三方专业服务机构，形成相对完善的数据产业生态"。创造更加丰富的应用场景，能有效推进数据要素在关键行业和领域的广泛应用，培育以数据为关键要素的新质生产力。

12.1.3 发挥数据乘数效应是关键

新质生产力是以全要素生产率大幅提升为核心标志的新型生产力。作为新型生产要素，数据要素的"协同""复用""融合"效应，能够为战略性新兴产业和未来产业发展提供不竭动力。数据要素对其他要素具有乘数倍增作用，通过生产要素"1 + N"的创新性配置，可以大幅提升全要素生产率，形成创新发展合力，助推新质生产力内涵发展。我们前面讨论过的很多案例都突显出数据的乘数效应。比如在金润数科的案例里，高速路网行动数据不仅可以用来优化交通管理，还可以用来辅助道路规划，帮助保险公司差异化定价，为银行提供新的判断信用风险的指标，甚至能用来识别高速公路偷逃费的情况。这仅是一个案例，但反映的却是同一数据可以赋能很多行业的普遍现象。

12.2　数据价值化

数字经济是现代经济极为重要的构成部分。根据中国信息通信研究院发布的《全球数字经济白皮书（2023年）》（以下简称"白皮书"），2022年被测算的51个国家的数字经济总规模是41.4万亿美元，而当年全球的GDP大约为100万亿美元。白皮书认为数字经济包括四大部分：数字产业化，即信息通信产业；产业数字化，即传统企业应用数字技术带来的产出增加和效率提升；数字化治理，即数字技术在公共治理、企业治理以及其他社会治理中的应用；数据价值化，即数据的交换和使用价值被显性化。数据资产评估与入表正是数据价值化的具体表现。

数据价值化可以从数据在企业实践层面、生产要素层面，以及政策适用层面发生的转变来理解。

一是数据对企业而言从抽象的价值转变为人民币可计量的资产，从信息化时代的业务伴生状态演变成企业生产经营活动的必要投入状态。这十年里，我国智能制造、医疗生物、金融、消费等领域涌现出了一批优秀的数据产品供应商，他们有的是传统企业数字化转型过程中由部门独立出来的，如中核供应链、中债估值等，有的就是以数据作为主要生产资料，如中国经济信息社、拓尔思、合合信息、联仁健康等；同时，也诞生了一批"数商"新物种，以服务型数商、技术型数商、应用型数商为主，他们为企业提供数据资源治理、数据产品设计、数据资产合规和评估等服务，逐渐在企业实践中确认了数据作为核心投入的地位，促进了数据价值的释放。

二是数据从经济学和技术上的泛化描述表现为会计学意义上"可入表"的对象，成为第五大生产要素。随着智能设备和数字化工具的适用，个人或企业每时每刻都在产生数据，数据对于企业的营销和日常管理的重要性也与日俱增。数据具有虚拟性，且大多可以重复使用，因此实践中的数据资产大多数是"无形资产"。企业在挖掘利用数据资源，根据应用场景生成数据产品的过程中投入了大量的人力和其他资本。在数据资产可以入表前，这些人力和其他资本的支持、消耗被费用化处理，无法体现数据要素被加工成数据产品和服务，对企业和社会产生价值的过程。因此，"入表"是将这一过程报表化和显性化。数据从企业实践的必要投入上升为可与土地、人力、资本、技术并列的第五大生产要素。

三是财政部发布《暂行规定》和《指导意见》之后，数据资产入表变成了企事业单位必须执行的会计准则，从政策层面确认了数据价值化。《暂行规定》只适用于企业主体，但《指导意见》适用于所有市场主体，针对行政事业单位还出台了《关于加强行政事业单位数据资产管理的通知》。《指导意见》更是为企业加强数据资产开发利用、更新维护、授权运营、完善定价、过程监测等全流程管理提供了操作路径。此外，《指导意见》还明确提出数据应急管理和应用风险防范，指出要防控数据资产入表和入表后的资本化与证券化风险。显然，数据资产已经从一个狭义的范畴转变为国家未来高质量资产的重要组成，需要也必须成为企业和政府开展经济责任审计的重要抓手[①]。

12.3　数据要素和数据资产的未来机遇

随着数字技术的迅猛发展和数字经济的蓬勃兴起，数据逐渐从传统

[①] 作者系中国经济信息社有限公司赵丽芳与上海市信息投资股份有限公司山栋明，原文发表在《经济责任审计》杂志 2024 年第 5 期，原文标题为《十年育新机 无相化有形解析关于加强数据资产管理的指导意见》。

生产、流通、消费等经济循环中的伴生产物，演化为继土地、劳动力、资本、技术四大生产要素之后的第五大生产要素，并从微观企业层面、要素市场层面和价值创造层面带来深刻变革。我们将从企业、市场和价值三个方面来讨论数据要素以及衍生出的数据资产的未来机遇。

12.3.1　企业层面：从传统数据处理者到数商新物种

随着数据要素向实体经济生产、分配、流通、消费等各个环节的广泛渗透，"数商"作为以数据为主要生产资料和业务对象的新主体登上历史舞台，其核心资产从移动互联网时代的活跃用户数转变为用户数与数据资产双轮驱动，并改变了传统企业的估值方法。正如土地市场的房地产开发商、网络购物的电商、资本市场的券商，"数商"已经突破了传统数据处理者角色，业务领域不断向数据产品化、数据资产化、数据资本化的全链条延伸，在数据要素市场中发挥着数据链接、数据赋能、数据价值挖掘等重要作用。具体来看，"数商"新物种的特征主要表现为"四个转变"：

一是从简单数据加工向数据资产经营转变。传统数据处理企业主要通过数据生成、采集、存储、加工和分析，实现数据从资源到产品或服务的转变。而新型数商更加侧重于以形成数据资产、实现价值增长为目标，通过推动数据知识化、知识 BOT（人工智能知识单元）化，建立以知识贡献为基础的价值分配体系，未来谁拥有数据资产多谁就拥有更高的企业估值。例如 OpenAI 作为一家纯数据驱动的人工智能企业，基于不断迭代升级的 GPT 通用大模型，相继推出图像生成系统 DALL·E、聊天机器人 ChatGPT 和文生视频模型"Sora"。

二是从供需自行对接向数据流通枢纽转变。传统数据流通交易往往体现为供需双方根据行业经验自行搜集客户信息、产品资源，点对点完成谈判、交易和交付。而目前国外以龙头数商为主导的平台化数据交易模式日趋成熟，也形成了较为成熟的数据经济体系。例如，Datarade Marketplace 作为全球最大的外部数据平台，集聚 2 000 多家数据提供商，买家可以通过实时搜索或者发布需求等方式购买所需数据。同时，微软、SAP、甲骨文、布隆伯格等也都推出了各自的数据服务平台。我国以上海数据交易所、北京国际大数据交易所为代表的数据交易所（平台、中心），也已经成为数据要素汇集、流通、交易的重要平台。

三是从提供数据选项向提供解决方案转变。传统数据处理企业主要遵循产品生产逻辑，将自身拥有或控制的数据资源加工成数据产品，"千人一面"地提供可复制、规模化数据服务。而新型数商则更多基于行业特点和企业需求，提供个性化、定制化解决方案，这也要求数商不仅拥有数据开发能力，还应具有对行业知识深刻的理解和对生产流程的丰富经验。例如，华为推出的盘古大模型 3.0，可以为客户提供在开放行业数据集上训练的行业模型，已涵盖政府、金融、制造业、矿业、气象等多个领域。

四是从传统设施建设向融合设施运营转变。当前数据要素流通主要依托传统电信运营商提供的网络、服务器等硬件基础设施，而面向未来的数据流通基础设施将更多表现为算力、模型、语料和空间操作系统，以及支撑数据可计量、知识可计量的区块链基础设施和一系列通证和共识协议等。例如，新加坡在 2021 年发布的《数字经济时代的数字基础设施》中，将数字身份、授权同意、支付体系和数据交换作为四大支柱领域，进而促进经济和社会领域的普遍数字化。同时，随着新型数据基础设施的软件化和融合化，也将涌现出一批以集成服务、共享服务为特征的新型基础设施运营商。

我们预期，数据企业将会更积极地从传统 IT 服务商向全生命周期数据服务商转型，聚焦打造"知识+数据""AI+数据"等深度融合的数商新物种，探索数据驱动生产组织方式、价值分配方式变革的数商新模式，构建上下游协同创新、跨领域融通发展的数商新生态。未来会涌现一批贴近行业发展和流通交易需求的专业化、品牌化、国际化数商，在智能制造、商贸流通、交通物流、金融服务、医疗健康等若干重点领域，推动数据要素与其他要素相结合，催生新产业、新业态、新模式。

12.3.2　市场层面：从数据要素到数据要素市场

数据"要素化"的过程在形态上表现为从资源到产品到资产再到资本的生态位演进。在这一过程中，逐渐对应形成"用数、创数、易数、乘数"的金字塔形市场体系。

（1）"用数"表现为企业对原始数据的治理和资源化利用。该阶段数据主要表现为自然属性，对应着企业对数据资源的伴生性自用。尽管几乎所有企业都会应用数据，但在这个阶段大部分企业尚未把数据作为企业核心竞争力的重要组成。

（2）"创数"表现为企业基于技术、算法和知识，通过实质性加工和创造性劳动生产出数据产品，尤其是关注高质量、知识化、品牌化的数据产品供给。该阶段数据主要表现为商品属性，主要对应着企业有意识地创造数据产品，并形成数据知识产权，数据产品和服务再进一步形成无形资产或存货。这个过程会催生一批数据产品服务类数商，引导和辅助企业进行数据产品开发。

（3）"易数"表现为高质量数据产品通过数据交易场所进行交易，形成数据价值的市场背书和发展指数的连续性观察。一方面，数据产品通过流通交易被需求方开发利用、二次创造真正释放经济价值和赋能效应；另一方面，数据产品流通效益形成的公允价值，成为企业确定数据资产的重要依据，并为下一阶段的资本化创新奠定基础。在这个阶段，数据已经可以用货币来计量，或者说数据已经具备了一定的金融属性。同时，该阶段也是数据从"自用"向"他用"转变的关键环节，主要对应数据产品的登记、流通、交易，一批拥有高质量数据产品的企业和具有跨领域和跨行业数据需求的企业"易数"积极性较高，伴随着合规评估、咨询服务、经纪服务等数商的大量导入。

（4）"乘数"表现为数据要素市场全面拥抱资本市场，是数据资产化后所带来的金融衍生产品创新。该阶段是数据要素化的高级阶段，数据表现为较强的金融属性，对应着企业数据资产入表和资本视角下的价值评估，主要涉及主体包括有数据融资需求的企业、上市企业，以及围绕数据资产开发金融衍生品的金融机构等。图 12.1 演示了数据要素市场的"金字塔"架构。

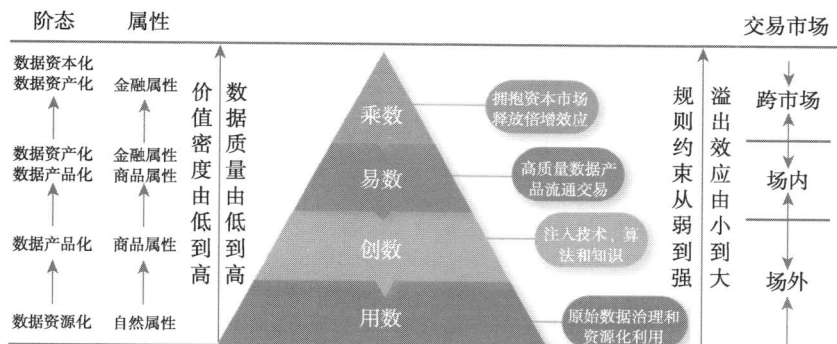

图 12.1　数据要素市场的"金字塔"架构

当前，我国数据要素市场仍处于早期培育阶段，面临制度体系不完善、基础设施缺少支撑、数据有效供给不足、数据开发利用程度较低、流通交易模式不成熟等一系列问题，迫切需要从客体、主体、规则和设施等四个方面完善市场体系。在客体侧，重点是要丰富数据产品供给，针对数据资源、数据产品、数据资产和数据资本进行分类施策，避免政策"一刀切"和工具错配；在主体侧，重点是要构建全方位数商生态体系，推动多层次数商发展，激发各类市场主体活力；在规则侧，重点是细化数据产权、流通交易、收益分配、安全治理等基础制度，形成可落地的规则体系；在设施侧，重点是面向用数、创数、易数和乘数等不同环节构建数据基础设施，提供连接、计算、流通、计量以及记账等低成本、高效率、可信赖的载体。

12.3.3   价值层面：从数据资产化到数据金融化

数据资产作为经济社会数字化转型进程中的新兴资产类型，正日益成为推动数字中国建设和加快数字经济发展的重要战略资源。财政部发布的《企业数据资源相关会计处理暂行规定》和《关于加强数据资产管理的指导意见》，以及中评协《数据资产评估指导意见》等，为企业加强数据资产开发利用、更新维护、授权运营、完善定价、过程监测等全流程管理提供了操作路径。随着数据资产入表和评估技术的发展，企业和金融机构对推动数据资产金融化、证券化的积极性也日益高涨。数据资产金融化是指以企业高质量数据资产为基础，以质抵押融资、证券化、信托、保险等金融工具应用为手段，以实现企业财务报表优化、价值提升和资本增益为目标，通过开发基于数据资产的创新金融产品和服务，实现数据资产跨时空配置，放大金融对实体经济乘数效应的重要过程，是推动数据从自然属性向商品属性和金融属性跃升，加速科技金融和数字金融创新的重要路径。

从宏观层面来看，推动数据资产金融化对我国加快建设金融强国、改善全社会资产负债表具有更加重要而深远的意义。一方面，数据资产金融化作为数据要素市场和金融市场融合发展的重要结合点，是我国深化金融供给侧结构性改革、推进金融理论创新、制度创新和实践创新，增强金融服务实体经济能力，推动金融高质量发展的重要抓手。另一方面，推动数据资产入表不仅将有助于改善企业微观主体的财务报表，也将通过金融化进一步放大传导作用和杠杆效应，从而改善宏观层面的全社会资产负债表，围绕数字经济实现新一轮的增量扩张。

从微观层面来看，数据资产金融化将对企业的资产规模、融资路径以及盈利模式产生深远的影响。一是企业核心资产变化，企业将原本作为成本的数据开发支出，以存货、无形资产等形式进行会计处理，将直接改善和优化企业资产负债表和损益表，同时数据价值显性化将激励企业更多参与用数、创数和易数过程，促进数据要素产品化、资产化。二是企业估值和融资路径变化，从国内外实践来看，拥有高质量数据资产的企业将在资本市场上获得更高的估值；同时由于数据资产入表提供了可计量、可记账的资产依据，企业可以利用数据资产进行抵押或者证券化，从而拓宽融资渠道。三是企业收益分配模式变化，数据资产金融化将激励企业深度挖掘数据资源潜力、拓展新的收入来源，通过数据信托、数据入股等创新模式，按照"谁投入、谁贡献、谁受益"原则，建立由市场评价贡献、按贡献决定报酬的数据要素收益分配机制。

当前，国内外在数据资产金融化方面均处在起步探索阶段，无成熟经验可参考、无现成路径可遵循。从国外来看，虽然美欧等发达国家和地区没有明确的会计准则规定数据资产如何入表，但数据作为无形资产的价值已得到社会各界广泛认可，并在金融市场得到充分体现。从国内来看，上海、北京、深圳、杭州、贵阳等地围绕数据资产融资贷款、增信贷款、保险、信托、数据知识产权证券化等领域积极探索，已经涌现出一批创新案例，如表 12.1 所示。

表 12.1 国内部分省市数据资产金融化的创新案例

类型	时间	省市	创新案例
数据资产融资贷款	2021 年 9 月	杭州	上海银行、杭州银行通过数据资产质押形式，分别向浙江凡聚科技有限公司、蔚复来（浙江）科技股份有限公司提供授信 100 万元和 500 万元
	2022 年 10 月	北京	北京银行城市副中心分行向罗克佳华科技集团股份有限公司提供 1 000 万元数据资产质押融资贷款
数据资产融资贷款	2023 年 8 月	扬州	江苏罗思韦尔以其拥有的"T-BOX 车联网信息数据"知识产权质押向苏州银行扬州分行融资 1 000 万元
	2023 年 11 月	上海	数库科技凭借上海数据交易所的挂牌产品"数库产业链图谱"，获得北京银行上海分行 2 000 万元授信
	2024 年 1 月	东莞	民生银行东莞分行通过"易创 E 贷"金融产品，为广东通莞科技发放首笔数据资产无抵押贷款 585 万元
	2024 年 2 月	上海	中国建设银行上海市分行与上海数据交易所合作，向上海寰动机器人（速腾数据）发放首笔基于"数易贷"的数据资产质押贷款
数据资产增信贷款	2023 年 3 月	深圳	深圳"微言科技"通过光大银行深圳分行授信审批，成功获得全国首笔无质押数据资产增信贷款额度 1 000 万元，并于 2023 年 3 月 30 日顺利放款
	2023 年 6 月	贵阳	贵州东方世纪科技股份有限公司的大数据洪水预报模型评估价值超过 3 000 万元，成功获得贵阳农商银行首笔数据资产融资授信 1 000 万元
	2023 年 11 月	上海	上海数据交易所携手光大银行上海分行、上海迈利船舶科技有限公司，落地国内首个基于可信数据资产基础设施 DCB 的数据资产增信融资，授信额度 500 万元
数字资产保险	2023 年 4 月	西安	由数字资产保险创新中心牵头，中国人民财产保险股份有限公司西安市分公司为 10 家企业的数字资产提供了总额 1 000 万元的保险
数据信托	2023 年 7 月	广西	广西电网与中航信托、广西电网能科公司签署数据信托协议，并在北部湾大数据交易中心完成首笔电力数据产品登记及交易

续表

类型	时间	省市	创新案例
数据知识产权证券化	2023 年 7 月	杭州	杭州高新金投控股集团有限公司 2023 年度第一期杭州高新区（滨江）数据知识产权定向资产支持票据（Asset-Backed Note, ABN）在中国银行间市场交易商协会成功簿记，发行金额 1.02 亿元，票面利率 2.80%，发行期限 358 天，为全国首单包含数据知识产权的证券化产品
数据资产作价入股	2023 年 8 月	青岛	青岛华通智能科技研究院有限公司、青岛北岸控股集团有限责任公司、翼方健数（山东）信息科技有限公司进行全国首例数据资产作价入股签约仪式

我国应当以推动数据资产入表和评估为契机，加快建立数据要素市场与资本市场联动机制，促进数据资产价值实现和效应放大。一方面，应落实企业数据资源会计处理工作，围绕重点领域选择一批条件相对成熟、具有示范作用的企业开展试点，建立数据资产入表的有效路径、创新模式和标准规范，探索基于场内连续性交易所形成的市场、成本、场景、质量等因素，开展企业数据资产价值评估。另一方面，应支持数商企业联合金融机构探索数据资产金融创新服务，探索数据资产支持证券发行等试点，支持企业依托数据资产进行股权债权融资、开展数据信托活动，建立上市公司数据资产化相关指数体系，推动数据要素市场和资本市场联动发展。

综上所述，数据要素作为新质生产力的核心要素之一，企业层面以长期主义培育数字经济时代的"新物种"，市场层面通过构建完善的数据要素市场促进生产要素的重新组合和资源配置效率的显著提升，价值层面通过数据资产金融化将带来社会资产估值体系的变革和数据资产价值的充分释放。2024 年是数据资产入表元年，是我国过去十年数字经济发展的阶段成果展示，也是数据第一次以货币化资产的形式展示给社会大众。十年育新机，"无相化有形"，数据要素化和价值化实践将推动我国数字经济的蓬勃发展。

附录 A

关于印发《企业数据资源相关
会计处理暂行规定》的通知

财会〔2023〕11 号

国务院有关部委、有关直属机构，各省、自治区、直辖市、计划单列市财政厅（局），新疆生产建设兵团财政局，财政部各地监管局，有关单位：

　　为规范企业数据资源相关会计处理，强化相关会计信息披露，根据《中华人民共和国会计法》和相关企业会计准则，我们制定了《企业数据资源相关会计处理暂行规定》，现予印发，请遵照执行。

　　执行中如有问题，请及时反馈我部。

　　附件：企业数据资源相关会计处理暂行规定

财 政 部

2023 年 8 月 1 日

附件

企业数据资源相关会计处理暂行规定

为规范企业数据资源相关会计处理，强化相关会计信息披露，根据《中华人民共和国会计法》和企业会计准则等相关规定，现对企业数据资源的相关会计处理规定如下：

一、关于适用范围

本规定适用于企业按照企业会计准则相关规定确认为无形资产或存货等资产类别的数据资源，以及企业合法拥有或控制的、预期会给企业带来经济利益的、但由于不满足企业会计准则相关资产确认条件而未确认为资产的数据资源的相关会计处理。

二、关于数据资源会计处理适用的准则

企业应当按照企业会计准则相关规定，根据数据资源的持有目的、形成方式、业务模式，以及与数据资源有关的经济利益的预期消耗方式等，对数据资源相关交易和事项进行会计确认、计量和报告。

1. 企业使用的数据资源，符合《企业会计准则第 6 号——无形资产》（财会〔2006〕3 号，以下简称无形资产准则）规定的定义和确认条件的，应当确认为无形资产。

2. 企业应当按照无形资产准则、《〈企业会计准则第 6 号——无形资产〉应用指南》（财会〔2006〕18 号，以下简称无形资产准则应用指南）等规定，对确认为无形资产的数据资源进行初始计量、后续计量、处置和报废等相关会计处理。

其中，企业通过外购方式取得确认为无形资产的数据资源，其成本包括购买价款、相关税费，直接归属于使该项无形资产达到预定用途所

发生的数据脱敏、清洗、标注、整合、分析、可视化等加工过程所发生的有关支出，以及数据权属鉴证、质量评估、登记结算、安全管理等费用。企业通过外购方式取得数据采集、脱敏、清洗、标注、整合、分析、可视化等服务所发生的有关支出，不符合无形资产准则规定的无形资产定义和确认条件的，应当根据用途计入当期损益。

企业内部数据资源研究开发项目的支出，应当区分研究阶段支出与开发阶段支出。研究阶段的支出，应当于发生时计入当期损益。开发阶段的支出，满足无形资产准则第九条规定的有关条件的，才能确认为无形资产。

企业在对确认为无形资产的数据资源的使用寿命进行估计时，应当考虑无形资产准则应用指南规定的因素，并重点关注数据资源相关业务模式、权利限制、更新频率和时效性、有关产品或技术迭代、同类竞品等因素。

3. 企业在持有确认为无形资产的数据资源期间，利用数据资源对客户提供服务的，应当按照无形资产准则、无形资产准则应用指南等规定，将无形资产的摊销金额计入当期损益或相关资产成本；同时，企业应当按照《企业会计准则第 14 号——收入》（财会〔2017〕22 号，以下简称收入准则）等规定确认相关收入。

除上述情形外，企业利用数据资源对客户提供服务的，应当按照收入准则等规定确认相关收入，符合有关条件的应当确认合同履约成本。

4. 企业日常活动中持有、最终目的用于出售的数据资源，符合《企业会计准则第 1 号——存货》（财会〔2006〕3 号，以下简称存货准则）规定的定义和确认条件的，应当确认为存货。

5. 企业应当按照存货准则、《〈企业会计准则第 1 号——存货〉应用指南》（财会〔2006〕18 号）等规定，对确认为存货的数据资源进行初始计量、后续计量等相关会计处理。

其中，企业通过外购方式取得确认为存货的数据资源，其采购成本包括购买价款、相关税费、保险费，以及数据权属鉴证、质量评估、登记结算、安全管理等所发生的其他可归属于存货采购成本的费用。企业通过数据加工取得确认为存货的数据资源，其成本包括采购成本，数据采集、脱敏、清洗、标注、整合、分析、可视化等加工成本和使存货达到目前场所和状态所发生的其他支出。

6. 企业出售确认为存货的数据资源，应当按照存货准则将其成本结转为当期损益；同时，企业应当按照收入准则等规定确认相关收入。

7. 企业出售未确认为资产的数据资源，应当按照收入准则等规定确认相关收入。

三、关于列示和披露要求

（一）资产负债表相关列示。

企业在编制资产负债表时，应当根据重要性原则并结合本企业的实际情况，在"存货"项目下增设"其中：数据资源"项目，反映资产负债表日确认为存货的数据资源的期末账面价值；在"无形资产"项目下增设"其中：数据资源"项目，反映资产负债表日确认为无形资产的数据资源的期末账面价值；在"开发支出"项目下增设"其中：数据资源"项目，反映资产负债表日正在进行数据资源研究开发项目满足资本化条件的支出金额。

（二）相关披露。

企业应当按照相关企业会计准则及本规定等，在会计报表附注中对数据资源相关会计信息进行披露。

1. 确认为无形资产的数据资源相关披露。

（1）企业应当按照外购无形资产、自行开发无形资产等类别，对确认为无形资产的数据资源（以下简称数据资源无形资产）相关会计信息进行披露，并可以在此基础上根据实际情况对类别进行拆分。具体披露格式如下：

项目	外购的数据资源无形资产	自行开发的数据资源无形资产	其他方式取得的数据资源无形资产	合计
一、账面原值				
1. 期初余额				
2. 本期增加金额				
其中：购入				
内部研发				
其他增加				
3. 本期减少金额				
其中：处置				
失效且终止确认				
其他减少				
4. 期末余额				
二、累计摊销				
1. 期初余额				
2. 本期增加金额				
3. 本期减少金额				
其中：处置				
失效且终止确认				
其他减少				
4. 期末余额				
三、减值准备				
1. 期初余额				
2. 本期增加金额				
3. 本期减少金额				
4. 期末余额				
四、账面价值				
1. 期末账面价值				
2. 期初账面价值				

（2）对于使用寿命有限的数据资源无形资产，企业应当披露其使用寿命的估计情况及摊销方法；对于使用寿命不确定的数据资源无形资产，企业应当披露其账面价值及使用寿命不确定的判断依据。

（3）企业应当按照《企业会计准则第 28 号——会计政策、会计估计变更和差错更正》（财会〔2006〕3 号）的规定，披露对数据资源无形资产的摊销期、摊销方法或残值的变更内容、原因以及对当期和未来期间的影响数。

（4）企业应当单独披露对企业财务报表具有重要影响的单项数据资源无形资产的内容、账面价值和剩余摊销期限。

（5）企业应当披露所有权或使用权受到限制的数据资源无形资产，以及用于担保的数据资源无形资产的账面价值、当期摊销额等情况。

（6）企业应当披露计入当期损益和确认为无形资产的数据资源研究开发支出金额。

（7）企业应当按照《企业会计准则第 8 号——资产减值》（财会〔2006〕3 号）等规定，披露与数据资源无形资产减值有关的信息。

（8）企业应当按照《企业会计准则第 42 号——持有待售的非流动资产、处置组和终止经营》（财会〔2017〕13 号）等规定，披露划分为持有待售类别的数据资源无形资产有关信息。

2. 确认为存货的数据资源相关披露。

（1）企业应当按照外购存货、自行加工存货等类别，对确认为存货的数据资源（以下简称数据资源存货）相关会计信息进行披露，并可以在此基础上根据实际情况对类别进行拆分。具体披露格式如下：

（2）企业应当披露确定发出数据资源存货成本所采用的方法。

（3）企业应当披露数据资源存货可变现净值的确定依据、存货跌价准备的计提方法、当期计提的存货跌价准备的金额、当期转回的存货跌价准备的金额，以及计提和转回的有关情况。

项目	外购的数据资源存货	自行加工的数据资源存货	其他方式取得的数据资源存货	合计
一、账面原值				
1. 期初余额				
2. 本期增加金额				
其中：购入				
采集加工				
其他增加				
3. 本期减少金额				
其中：出售				
失效且终止确认				
其他减少				
4. 期末余额				
二、存货跌价准备				
1. 期初余额				
2. 本期增加金额				
3. 本期减少金额				
其中：转回				
转销				
4. 期末余额				
三、账面价值				
1. 期末账面价值				
2. 期初账面价值				

（4）企业应当单独披露对企业财务报表具有重要影响的单项数据资源存货的内容、账面价值和可变现净值。

（5）企业应当披露所有权或使用权受到限制的数据资源存货，以及用于担保的数据资源存货的账面价值等情况。

3. 其他披露要求。

企业对数据资源进行评估且评估结果对企业财务报表具有重要影响

的, 应当披露评估依据的信息来源, 评估结论成立的假设前提和限制条件, 评估方法的选择, 各重要参数的来源、分析、比较与测算过程等信息。

企业可以根据实际情况, 自愿披露数据资源 (含未作为无形资产或存货确认的数据资源) 下列相关信息:

(1) 数据资源的应用场景或业务模式、对企业创造价值的影响方式, 与数据资源应用场景相关的宏观经济和行业领域前景等。

(2) 用于形成相关数据资源的原始数据的类型、规模、来源、权属、质量等信息。

(3) 企业对数据资源的加工维护和安全保护情况, 以及相关人才、关键技术等的持有和投入情况。

(4) 数据资源的应用情况, 包括数据资源相关产品或服务等的运营应用、作价出资、流通交易、服务计费方式等情况。

(5) 重大交易事项中涉及的数据资源对该交易事项的影响及风险分析, 重大交易事项包括但不限于企业的经营活动、投融资活动、质押融资、关联方及关联交易、承诺事项、或有事项、债务重组、资产置换等。

(6) 数据资源相关权利的失效情况及失效事由、对企业的影响及风险分析等, 如数据资源已确认为资产的, 还包括相关资产的账面原值及累计摊销、减值准备或跌价准备、失效部分的会计处理。

(7) 数据资源转让、许可或应用所涉及的地域限制、领域限制及法律法规限制等权利限制。

(8) 企业认为有必要披露的其他数据资源相关信息。

四、附则

本规定自 2024 年 1 月 1 日起施行。企业应当采用未来适用法执行本规定, 本规定施行前已经费用化计入损益的数据资源相关支出不再调整。

附录 B

财政部关于印发《关于加强数据资产管理的指导意见》的通知

财资〔2023〕141 号

各省、自治区、直辖市、计划单列市财政厅（局），新疆生产建设兵团财政局：

为深入贯彻落实党中央关于构建数据基础制度的决策部署，规范和加强数据资产管理，更好推动数字经济发展，根据《中华人民共和国网络安全法》、《中华人民共和国数据安全法》、《中华人民共和国个人信息保护法》等，我们制定了《关于加强数据资产管理的指导意见》。现印发给你们，请遵照执行。

　　附件：关于加强数据资产管理的指导意见

财 政 部

2023 年 12 月 31 日

附件

关于加强数据资产管理的指导意见

数据资产，作为经济社会数字化转型进程中的新兴资产类型，正日益成为推动数字中国建设和加快数字经济发展的重要战略资源。为深入贯彻落实党中央决策部署，现就加强数据资产管理提出如下意见。

一、总体要求

（一）指导思想。

以习近平新时代中国特色社会主义思想为指导，全面深入贯彻落实党的二十大精神，完整、准确、全面贯彻新发展理念，加快构建新发展格局，坚持统筹发展和安全，坚持改革创新、系统谋划，把握全球数字经济发展趋势，建立数据资产管理制度，促进数据资产合规高效流通使用，构建共治共享的数据资产管理格局，为加快经济社会数字化转型、推动高质量发展、推进国家治理体系和治理能力现代化提供有力支撑。

（二）基本原则。

——坚持确保安全与合规利用相结合。统筹发展和安全，正确处理数据资产安全、个人信息保护与数据资产开发利用的关系。以保障数据安全为前提，对需要严格保护的数据，审慎推进数据资产化；对可开发利用的数据，支持合规推进数据资产化，进一步发挥数据资产价值。

——坚持权利分置与赋能增值相结合。适应数据资产多用途属性，按照"权责匹配、保护严格、流转顺畅、利用充分"原则，明确数据资产管理各方权利义务，推动数据资产权利分置，完善数据资产权利体系，丰富权利类型，有效赋能增值，夯实开发利用基础。

——坚持分类分级与平等保护相结合。加强数据分类分级管理，建立数据资产分类分级授权使用规范。鼓励按用途增加公共数据资产供给，推动用于公共治理、公益事业的公共数据资产有条件无偿使用，平等保护各类数据资产权利主体合法权益。

——坚持有效市场与有为政府相结合。充分发挥市场配置资源的决定性作用，探索多样化有偿使用方式。支持用于产业发展、行业发展的公共数据资产有条件有偿使用。加大政府引导调节力度，探索建立公共数据资产开发利用和收益分配机制。强化政府对数据资产全过程监管，加强数据资产全过程管理。

——坚持创新方式与试点先行相结合。强化部门协同联动，完善数据资产管理体制机制。坚持顶层设计与基层探索相结合，坚持改革于法有据，既要发挥顶层设计指导作用，又要鼓励支持各方因地制宜、大胆探索。

（三）总体目标。

构建"市场主导、政府引导、多方共建"的数据资产治理模式，逐步建立完善数据资产管理制度，不断拓展应用场景，不断提升和丰富数据资产经济价值和社会价值，推进数据资产全过程管理以及合规化、标准化、增值化。通过加强和规范公共数据资产基础管理工作，探索公共数据资产应用机制，促进公共数据资产高质量供给，有效释放公共数据价值，为赋能实体经济数字化转型升级，推进数字经济高质量发展，加快推进共同富裕提供有力支撑。

二、主要任务

（四）依法合规管理数据资产。保护各类主体在依法收集、生成、存储、管理数据资产过程中的相关权益。鼓励各级党政机关、企事业单位等经依法授权具有公共事务管理和公共服务职能的组织（以下统称公共管理和服务机构）将其依法履职或提供公共服务过程中持有或控制的，预期能够产生管理服务潜力或带来经济利益流入的公共数据资源，作为公共数据资产纳入资产管理范畴。涉及处理国家安全、商业秘密和个人隐私的，应当依照法律、行政法规规定的权限、程序进行，不得超出履行法定职责所必需的范围和限度。相关部门结合国家有关数据目录工作要求，按照资产管理相关要求，组织梳理统计本系统、本行业符合数据资产范围和确认要求的公共数据资产目录清单，登记数据资产卡片，暂不具备确认登记条件的可先纳入资产备查簿。

（五）明晰数据资产权责关系。适应数据多种属性和经济社会发展要求，与数据分类分级、确权授权使用要求相衔接，落实数据资源持有权、数据加工使用权和数据产品经营权权利分置要求，加快构建分类科学的数据资产产权体系。明晰公共数据资产权责边界，促进公共数据资产流通应用安全可追溯。探索开展公共数据资产权益在特定领域和经营主体范围内入股、质押等，助力公共数据资产多元化价值流通。

（六）完善数据资产相关标准。推动技术、安全、质量、分类、价值评估、管理运营等数据资产相关标准建设。鼓励行业根据发展需要，自行或联合制定企业数据资产标准。支持企业、研究机构、高等学校、相关行业组织等参与数据资产标准制定。公共管理和服务机构应配套建立公共数据资产卡片，明确公共数据资产基本信息、权利信息、使用信息、管理信息等。在对外授予数据资产加工使用权、数据产品经营权时，在本单位资产卡片中对授权进行登记标识，在不影响本单位继续持有或控制数据资产的前提下，可不减少或不核销本单位数据资产。

（七）加强数据资产使用管理。鼓励数据资产持有主体提升数据资产数字化管理能力，结合数据采集加工周期和安全等级等实际情况及要求，对所持有或控制的数据资产定期更新维护。数据资产各权利主体建立健全全流程数据安全管理机制，提升安全保护能力。支持各类主体依法依规行使数据资产相关权利，促进数据资产价值复用和市场化流通。结合数据资产流通范围、流通模式、供求关系、应用场景、潜在风险等，不断完善数据资产全流程合规管理。在保障安全、可追溯的前提下，推动依法依规对公共数据资产进行开发利用。支持公共管理和服务机构为提升履职能力和公共服务水平，强化公共数据资产授权运营和使用管理。公共管理和服务机构要按照有关规定对授权运营的公共数据资产使用情况等重要信息进行更新维护。

（八）稳妥推动数据资产开发利用。完善数据资产开发利用规则，推进形成权责清晰、过程透明、风险可控的数据资产开发利用机制。严格按照"原始数据不出域、数据可用不可见"要求和资产管理制度规定，公共管理和服务机构可授权运营主体对其持有或控制的公共数据资产进行运营。授权运营前要充分评估授权运营可能带来的安全风险，明确安全责任。运营主体应建立公共数据资产安全可信的运营环境，在授权范围内推动可开发利用的公共数据资产向区域或国家级大数据平台和交易平台汇聚。支持运营主体对各类数据资产进行融合加工。探索建立公共数据资产政府指导定价机制或评估、拍卖竞价等市场价格发现机制。鼓励在金融、交通、医疗、能源、工业、电信等数据富集行业探索开展多种形式的数据资产开发利用模式。

（九）健全数据资产价值评估体系。推进数据资产评估标准和制度建设，规范数据资产价值评估。加强数据资产评估能力建设，培养跨专业、跨领域数据资产评估人才。全面识别数据资产价值影响因素，提高数据资产评估总体业务水平。推动数据资产价值评估业务信息化建设，利用数字技术或手段对数据资产价值进行预测和分析，构建数据资产价值评估标准库、规则库、指标库、模型库和案例库等，支撑标准化、规范化和便利化业务开展。开展公共数据资产价值评估时，要按照资产评估机构选聘有关要求，强化公平、公正、公开和诚实信用，有效维护公共数据资产权利主体权益。

（十）畅通数据资产收益分配机制。完善数据资产收益分配与再分配机制。按照"谁投入、谁贡献、谁受益"原则，依法依规维护各相关主体数据资产权益。支持合法合规对数据资产价值进行再次开发挖掘，尊重数据资产价值再创造、再分配，支持数据资产使用权利各个环节的投入有相应回报。探索建立公共数据资产治理投入和收益分配机制，通过公共数据资产运营公司对公共数据资产进行专业化运营，推动公共数据资产开发利用和价值实现。探索公共数据资产收益按授权许可约定向提供方等进行比例分成，保障公共数据资产提供方享有收益的权利。在推进有条件有偿使用过程中，不得影响用于公共治理、公益事业的公共数据有条件无偿使用，相关方要依法依规采取合理措施获取收益，避免向社会公众转嫁不合理成本。公共数据资产各权利主体依法纳税并按国家规定上缴相关收益，由国家财政依法依规纳入预算管理。

（十一）规范数据资产销毁处置。对经认定失去价值、没有保存要求的数据资产，进行安全和脱敏处理后及时有效销毁，严格记录数据资产销毁过程相关操作。委托他人代为处置数据资产的，应严格签订数据资产安全保密合同，明确双方安全保护责任。公共数据资产销毁处置要严格履行规定的内控流程和审批程序，严禁擅自处置，避免公共数据资产流失或泄露造成法律和安全风险。

（十二）强化数据资产过程监测。数据资产各权利主体均应落实数据资产安全管理责任，按照分类分级原则，在网络安全等级保护制度的基础上，落实数据安全保护制度，把安全贯彻数据资产开发、流通、使用全过程，提升数据资产安全保障能力。权利主体因合并、分立、收购等方式发生变更，新的权利主体应继续落实数据资产管理责任。数据资产各权利主体应当记录数据资产的合法来源，确保来源清晰可追溯。公共数据资产权利主体开放共享数据资产的，应当建立和完善安全管理和对外提供制度机制。鼓励开展区域性、行业性数据资产统计监测工作，提升对数据资产的宏观观测与管理能力。

（十三）加强数据资产应急管理。数据资产各权利主体应分类分级建立数据资产预警、应急和处置机制，深度分析相关领域数据资产风险环节，梳理典型应用场景，对数据资产泄露、损毁、丢失、篡改等进行与类别级别相适的预警和应急管理，制定应急处置预案。出现风险事件，及时启动应急处置措施，最大程度避免或减少资产损失。支持开展数据资产技术、服务和管理体系认证。鼓励开展数据资产安全存储与计算相关技术研发与产品创新。跟踪监测公共数据资产时，要及时识别潜在风险事件，第一时间采取应急管理措施，有效消除或控制相关风险。

（十四）完善数据资产信息披露和报告。鼓励数据资产各相关主体按有关要求及时披露、公开数据资产信息，增加数据资产供给。数据资产交易平台应对交易流通情况进行实时更新并定期进行信息披露，促进交易市场公开透明。稳步推进国有企业和行政事业单位所持有或控制的数据资产纳入本级政府国有资产报告工作，接受同级人大常委会监督。

（十五）严防数据资产价值应用风险。数据资产权利主体应建立数据资产协同管理的应用价值风险防控机制，多方联动细化操作流程及关键管控点。鼓励借助中介机构力量和专业优势，有效识别和管控数据资产化、数据资产资本化以及证券化的潜在风险。公共数据资产权利主体在相关资产交易或并购等活动中，应秉持谨慎性原则扎实开展可研论证和尽职调查，规范实施资产评估，严防虚增公共数据资产价值。加强监督检查，对涉及公共数据资产运营的重大事项开展审计，将国有企业所属数据资产纳入内部监督重点检查范围，聚焦高溢价和高减值项目，准确发现管理漏洞，动态跟踪价值变动，审慎开展价值调整，及时采取防控措施降低或消除价值应用风险。

三、实施保障

（十六）加强组织实施。切实提高政治站位，统一思想认识，把坚持和加强党的领导贯穿到数据资产管理全过程各方面，高度重视激发公共数据资产潜能，加强公共数据资产管理。加强统筹协调，建立推进数据资产管理的工作机制，促进跨地区跨部门跨层级协同联动，确保工作有序推进。强化央地联动，及时研究解决工作推进中的重大问题。探索将公共数据资产管理发展情况纳入有关考核评价指标体系。

（十七）加大政策支持。按照财政事权和支出责任相适应原则，统筹利用现有资金渠道，支持统一的数据资产标准和制度建设、数据资产相关服务、数据资产管理和运营平台等项目实施。统筹运用财政、金融、土地、科技、人才等多方面政策工具，加大对数据资产开发利用、数据资产管理运营的基础设施、试点试验区等扶持力度，鼓励产学研协作，引导金融机构和社会资本投向数据资产领域。

（十八）积极鼓励试点。坚持顶层设计与基层探索结合，形成鼓励创新、容错免责良好氛围。支持有条件的地方、行业和企业先行先试，结合已出台的文件制度，探索开展公共数据资产登记、授权运营、价值评估和流通增值等工作，因地制宜探索数据资产全过程管理有效路径。加大对优秀项目、典型案例的宣介力度，总结提炼可复制、可推广的经验和做法，以点带面推动数据资产开发利用和流通增值。鼓励地方、行业协会和相关机构促进数据资产相关标准、技术、产品和案例等的推广应用。

附录 C

中评协关于印发《资产评估专家指引第 9 号——数据资产评估》的通知

中评协〔2019〕40 号

各省、自治区、直辖市、计划单列市资产评估协会（注册会计师协会）：

为指导资产评估机构及其资产评估专业人员执行数据资产评估业务，中国资产评估协会制定了《资产评估专家指引第 9 号——数据资产评估》，现予印发，供资产评估机构及其资产评估专业人员执行数据资产评估业务时参考。

请各地方协会将《资产评估专家指引第 9 号——数据资产评估》及时转发资产评估机构。

附件：资产评估专家指引第 9 号——数据资产评估

中国资产评估协会

2019 年 12 月 31 日

附件

资产评估专家指引第 9 号——数据资产评估

本专家指引是一种专家建议。评估机构执行资产评估业务，可以参照本专家指引，也可以根据具体情况采用其他适当的做法。中国资产评估协会将根据业务发展，对本专家指引进行更新。

第一章　引　　言

第一条　针对数据资产特点，结合目前实际操作中的部分难点和要点，中国资产评估协会组织制定了本专家指引。

第二条　本专家指引所指数据资产是由特定主体合法拥有或者控制，能持续发挥作用并且能带来直接或者间接经济利益的数据资源。

第三条　本专家指引所指数据资产评估，是资产评估机构及其资产评估专业人员遵守法律、行政法规和资产评估准则，接受委托对评估基准日特定目的下的数据资产价值进行评定和估算，并出具资产评估报告的专业服务行为。

第二章　评　估　对　象

第四条　数据资产的基本状况通常包括：数据名称、数据来源、数据规模、产生时间、更新时间、数据类型、呈现形式、时效性、应用范围等。执行数据资产评估业务时，资产评估专业人员可以通过委托人提供、相关当事人提供、自主收集等方式获取数据资产的基本状况。

第五条　数据资产的基本特征通常包括：非实体性、依托性、多样性、可加工性、价值易变性等。通过对数据资产基本特征的了解，可以帮助资产评估专业人员分析基本特征对数据资产价值评估的影响。

（一）非实体性：数据资产无实物形态，虽然需要依托实物载体，但决定数据资产价值的是数据本身。数据的非实体性导致了数据的无消耗性，即数据不会因为使用频率的增加而磨损、消耗。这一点与其他传统无形资产相似。

（二）依托性：数据必须存储在一定的介质里。介质的种类多种多样，例如，纸、磁盘、磁带、光盘、硬盘等，甚至可以是化学介质或者生物介质。同一数据可以以不同形式同时存在于多种介质。

（三）多样性：数据的表现形式多种多样，可以是数字、表格、图像、声音、视频、文字、光电信号、化学反应、甚至是生物信息等。数据资产的多样性，还表现在数据与数据处理技术的融合，形成融合形态数据资产。例如，数据库技术与数据，数字媒体与数字制作特技等融合产生的数据资产。多样的信息可以通过不同的方法进行互相转换，从而满足不同数据消费者的需求。该多样性表现在数据消费者上，则是使用方式的不确定性。不同数据类型拥有不同的处理方式，同一数据资产也可以有多种使用方式。数据应用的不确定性，导致数据资产的价值变化波动较大。

（四）可加工性：数据可以被维护、更新、补充，增加数据量；也可以被删除、合并、归集，消除冗余；还可以被分析、提炼、挖掘，加工以得到更深层次的数据资源。

（五）价值易变性：数据资产的价值受多种不同因素影响，这些因素随时间的推移不断变化，某些数据当前看来可能没有价值，但随着时代进步可能会产生更大的价值。另外，随着技术的进步或者同类数据库的发展，可能会导致数据资产出现无形损耗，表现为价值降低。

第六条 数据资产的价值影响因素包括技术因素、数据容量、数据价值密度、数据应用的商业模式和其他因素。其中技术因素通常包括数据获取、数据存储、数据加工、数据挖掘、数据保护、数据共享等。

第七条　数据资产可以按照数据应用所在的行业进行划分，不同行业的数据资产具有不同的特征，这些特征可能会对数据资产的价值产生较大的影响。以下列举的是部分行业数据资产的特征。

（一）金融行业数据资产的特征通常包括：

1. 高效性：金融数据资产的高效性体现在能够提高金融系统运行效率，降低系统运行成本和维护成本，为数据库终端拥有人带来超额利润。数据库终端以科学技术为核心，不断进步的技术可以降低数据库终端的维护成本。

2. 风险性：金融数据资产的风险性主要包括研发风险和收益风险。研发风险是指在研究开发过程中，研究开发方虽然作了最大限度努力，但由于现有的认识水平、技术水平、科学知识以及其他现有条件的限制，仍然发生了无法预见、无法克服的技术困难，导致研究开发全部或者部分失败，因而引起的财产上的风险；数据库终端是在经历一系列研发失败之后的阶段性成果，研发失败的支出作为费用处理，账面的资产价值与研发成本具有弱对应性。金融数据资产的收益风险是指数据库终端的经济寿命受技术进步和市场不确定性因素的影响较大，竞争对手新开发或者升级的数据库终端有可能使得权利人的该项资产价值下降。

3. 共益性：金融数据资产的共益性是指数据库终端可以在同一时间不同地点由不同的主体同时使用。例如，数据库终端有不同的账号和密码，不同的个人账号和密码可以同时登录使用，机构的同一个账号和密码也可以同时由机构内不同人员登录使用。

（二）电信行业数据资产的特征通常包括：

1. 关联性：电信行业数据几乎承载了用户所有的通信行为，并且数据之间存在着天然的关联基因。

2. 复杂性：电信行业数据不仅包括结构化数据，也包括非结构化数据以及混合结构数据。

（三）政府数据资产的特征通常包括：数量庞大，领域广泛，异构性强。政府数据跨越了农业、气候、教育、能源、金融、地理空间、全球发展、医疗卫生、工作就业、公共安全、科学研究、气象气候等领域。这些来源广泛、数量巨大、非结构化的异质数据，增加了政府管理的难度。

数据资产对政府公共管理的潜在利用价值大。尽管数据资产能在各个领域显著提高创新力、竞争力和产出率，但对于不同部门而言，数据资产所带来的收益程度不同。政府数据资产的构成和特点分析表明，政府在数据占有方面具有天然的优势。占有巨量数据是从数据中挖掘出巨大价值的前提，但由于政府数据资产来自于横向的不同部门或者管理领域以及纵向的不同层级，其数据资产管理面临着巨大的难度，这一难度既有数据资产及其技术发展方面的障碍，也有政府组织之间相互独立的限制和跨职能部门交流的障碍。

第八条　相同的数据资产，由于其应用领域、使用方法、获利方式的不同，会造成其价值差异。因此对数据资产商业模式的关注，可以帮助资产评估专业人员了解数据资产活动获取收益的方式。目前以数据资产为核心的商业模式主要有：

（一）提供数据服务模式：该模式的企业主营业务为出售经广泛收集、精心过滤的时效性强的数据，为用户提供各种商业机会。

（二）提供信息服务模式：该模式的企业聚焦某个行业，通过广泛收集相关数据、深度整合萃取信息，以庞大的数据中心加上专用的数据终端，形成数据采集、信息萃取、价值传递的完整链条，通过为用户提供信息服务的形式获利。

（三）数字媒体模式：数字媒体公司通过多媒体服务，面向个体，广泛搜集数据，发挥数据技术的预测能力，开展精准的自营业务和第三方推广营销业务。

（四）数据资产服务模式：通过提供软件和硬件等技术开发服务，根据用户需求，从指导、安全认证、应用开发和数据表设计等方面提供全方位数据开发和运行保障服务，满足用户业务需求，提升客户营运能力。并通过评估数据集群运行状态优化运行方案，以充分发挥客户数据资产的使用价值，帮助客户将数据资产转化为实际的生产力。

（五）数据空间运营模式：该模式的企业主要为第三方提供专业的数据存储服务业务。

（六）数据资产技术服务模式：该模式的企业为第三方提供开发数据资产所需的应用技术和技术支持作为商业模式。例如，提供数据管理以及处理技术、多媒体编解码技术，语音语义识别技术，数据传输与控制技术等。

第九条　数据资产的法律因素通常包括数据资产的权利属性以及权利限制、数据资产的保护方式等。关注数据资产所有权的具体形式、以往使用和转让的情况对数据资产价值的影响、数据资产的历史诉讼情况等法律因素情况，可以帮助评估专业人员判断法律因素对数据资产价值的影响程度。

第十条　数据资产的经济因素通常包括数据资产的取得成本、获利状况、类似资产的交易价格、市场应用情况、市场规模情况、市场占有率、竞争情况等。通过对经济因素情况的分析，资产评估专业人员可以判断经济因素对数据资产价值的影响程度。

第十一条　数据资产的使用过程中存在隐私保护方面的风险。部分数据如果使用不当，可能会产生损害国家安全、泄露商业秘密、侵犯个人隐私等问题。数据资产在实际应用中需要考虑合法性，资产评估专业人员应当关注此类事项对数据资产评估的影响。

第三章　数据资产的评估方法

第十二条　数据资产价值的评估方法包括成本法、收益法和市场法三种基本方法及其衍生方法。

第十三条　执行数据资产评估业务，应当根据评估目的、评估对象、价值类型、资料收集等情况，分析上述三种基本方法的适用性，选择评估方法。数据资产评估方法的选择应当注意方法的适用性，不可机械地按某种模式或者某种顺序进行选择。

成本法是根据形成数据资产的成本进行评估。尽管无形资产的成本和价值先天具有弱对应性且其成本具有不完整性，但一些数据资产应用成本法评估其价值存在一定合理性。

收益法是通过预计数据资产带来的收益估计其价值。这种方法在实际中比较容易操作。该方法是目前对数据资产评估比较容易接受的一种方法。虽然目前使用数据资产直接取得收益的情况比较少，但根据数据交易中心提供的交易数据，还是能够对部分企业数据资产的收益进行了解。

市场法是根据相同或者相似的数据资产的近期或者往期成交价格，通过对比分析，评估数据资产价值的方法。根据数据资产价值的影响因素，可以利用市场法对不同属性的数据资产的价值进行对比和分析调整，反映出被评估数据资产的价值。

第十四条　对于成本法，数据资产的价值由该资产的重置成本扣减各项贬值确定。其基本计算公式为：

评估值=重置成本×（1-贬值率）或者评估值=重置成本-功能性

贬值–经济性贬值

第十五条　使用成本法执行数据资产评估业务时，首先要根据数据资产形成的全部投入，分析数据资产价值与成本的相关程度，考虑成本法的适用性。然后要确定数据资产的重置成本。数据资产的重置成本包括合理的成本、利润和相关税费。合理的成本则包括直接成本和间接费用。

第十六条　在成本法中，数据资产的取得成本需要根据创建数据资产生命的流程特点，分阶段进行统计。尽管数据资产的存储、分析、挖掘技术复杂多变，但目前普遍使用的流程可以概括为四步，即数据采集、数据导入和预处理、数据统计和分析、数据挖掘。其中，数据采集属于数据资产获取阶段，后三个步骤属于数据资产研发阶段。

数据获取可能是主动获取，也可能是被动获取。数据主动获取可能发生的成本有：向数据持有人购买数据的价款、注册费、手续费，通过其他渠道获取数据时发生的市场调查、访谈、实验观察等费用，以及在数据采集阶段发生的人工工资、场地租金、打印费、网络费等相关费用。被动获取的数据包括企业生产经营中获得的数据、相关部门开放并经确认的数据、企业相互合作共享的数据等。从企业角度看，被动获取的数据如果要形成数据资产，还需要企业自身进行大量资源数据的清洗、研发和深挖掘，在数据获取阶段企业付出的成本较小，因此在获取阶段，可以只考虑发生的数据存储等费用，成本重心落在数据资产研发阶段。研发阶段发生的成本通常包括设备折旧、研发人员工资等费用。采用成本法进行数据资产评估时，需要合理确定贬值。数据资产贬值主要包括：功能性贬值和经济性贬值。

第十七条　在传统无形资产成本法的基础上，可以综合考虑数据资产的成本与预期使用溢价，加入数据资产价值影响因素对资产价值进行修正，建立一种数据资产价值评估成本法模型。成本法模型的表达式为：

$$P = TC \times (1 + R) \times U$$

其中：P—评估值；TC—数据资产总成本；R—数据资产成本投资回报率；U—数据效用。

第十八条 在上述评估模型中，数据资产总成本 TC 表示数据资产从产生到评估基准日所发生的总成本。数据资产总成本可以通过系统开发委托合同和实际支出进行计算，主要包括建设成本、运维成本和管理成本三类，并且不同的数据资产所包含的建设费用和运维费用的比例是不同的。因此，每一个评估项对数据资产价值产生多大的影响，必须给出一个比较合理的权重。其中建设成本是指数据规划、采集获取、数据确认、数据描述等方面的内容；运维成本包含着数据存储、数据整合、知识发现等评价指标；管理成本主要由人力成本、间接成本以及服务外包成本构成。

第十九条 在上述评估模型中，数据效用 U 是影响数据价值实现因素的集合，用于修正数据资产成本投资回报率 R。数据质量、数据基数、数据流通以及数据价值实现风险均会对数据效用 U 产生影响。定义数据效用的表达式为：

$$U = \alpha\beta(1 + l)(1 - r)$$

其中：α—数据质量系数；β—数据流通系数；l—数据垄断系数；r—数据价值实现风险系数。

（一）数据质量系数 α

数据质量是指数据固有质量，可以通过对数据完整性、数据准确性和数据有效性三方面设立约束规则，利用统计分析数据是否满足约束规则完成量化。基于统计学的思想，数据质量为满足要求的数据在数据系统中的百分比。数据质量的评价办法由数据模块、规则模块和评价模块三者组成。

数据模块是数据资产价值评估的对象，即待评估数据资产的合集。

规则模块用于生成数据的检验标准，即数据的约束规则。约束规则应当根据具体的业务内容和数据自身规则（如值域约束和语法约束）提炼出基本约束，并归纳形成规则库。在对数据质量进行评价时，约束规则是对数据进行检测的依据。

评价模块是数据质量评估办法的关键模块，目的是利用规则模块中的约束规则对数据进行检验并分析汇总。各个规则模块获取的结果需要加权汇总以获得最终的数据质量系数。

（二）数据流通系数 β

数据资产按流通类型可以分为开放数据、公开数据、共享数据和非共享数据四类。因此，在考察数据流通效率时，首先通过可流通数据量占总数据量的比重确定数据对外开放共享程度；然后，考虑到不同的数据流通类型对数据接受者范围的影响，需要将数据传播系数考虑进来。传播系数是指数据的传播广度，即数据在网络中被他人接受的总人次，可以通过查看系统访问量、网站访问量获得。

数据流通系数表示为：

数据流通系数＝（传播系数×可流通的数据量）/总数据量＝（a×开放数据量＋b×公开数据量＋c×共享数据量）/总数据量

其中，a、b、c 分别为开放、公开和共享三种数据流通类型的传播系数，非共享数据流通限制过强，对整体流通效率影响忽略不计。

（三）数据垄断系数 l

数据资产的垄断程度是由数据基数决定，即该数据资产所拥有的数据量占该类型数据总量的比例，可以通过某类别数据在整个行业领域内的数据占比衡量，即通过比较同类数据总量来确定。

数据垄断系数表示为：

数据垄断系数 = 系统数据量/行业总数据量

数据是现实事物的客观描述。衡量某种数据的垄断性不仅受限于所属行业，还可能与其所处的地域相关。

（四）数据价值实现风险系数 r

在数据价值链上的各个环节都存在影响数据价值实现的风险。数据价值实现风险分为数据管理风险、数据流通风险、增值开发风险和数据安全风险四个二级指标和设备故障、数据描述不当、系统不兼容、政策影响、应用需求、数据开发水平、数据泄露、数据损坏八个三级指标。由于数据资产价值实现环节较多且评估过程复杂，可以采用专家打分法与层次分析法获得其风险系数。

第二十条 收益法评估数据资产时，数据资产作为经营资产直接或者间接产生收益，其价值实现方式包括数据分析、数据挖掘、应用开发等。收益法较真实、准确地反映了数据资产本金化的价值，更容易被交易各方所接受。

第二十一条 收益法评估的基本计算公式为：

$$P = \sum_{t=1}^{n} F_t \frac{1}{(1+i)^t}$$

其中：P—评估值；F_t—数据资产未来第 t 个收益期的收益额；n—剩余经济寿命期；t—未来第 t 年；i—折现率。

根据收益法基本公式，在获取数据资产相关信息的基础上，根据该数据资产或者类似数据资产的历史应用情况以及未来应用前景，结合数据资产应用的商业模式，重点分析数据资产经济收益的可预测性，考虑收益法的适用性。

第二十二条 在估算数据资产带来的预期收益时，需要区分数据资产和其他资产所获得的收益，分析与之有关的预期变动、收益期限、成本费用、配套资产、现金流量、风险因素等。

数据资产的预期收益是因数据资产的使用而额外带来的收益，数据资产收益现金流是全部收益扣除其他资产的贡献后归属于数据资产的现金流。数据资产的获利形式通常包括：对企业顾客群体细分、模拟实境、提高投入回报率、数据存储空间出租、管理客户关系、个性化精准推荐、数据搜索等。目前确定数据资产现金流的方法有增量收益、收益分成或者超额收益等方式。确定预期收益时，注意区分并剔除与委托评估的数据资产无关的业务产生的收益，并关注数据资产产品或者服务所属行业的市场规模、市场地位以及相关企业的经营情况。

第二十三条 使用收益法执行数据资产评估业务时，需要综合考虑法律保护期限、相关合同约定期限、数据资产的产生时间、数据资产的更新时间、数据资产的时效性以及数据资产的权利状况等因素确定收益期限。收益期限不得超出产品或者服务的合理收益期。

第二十四条 使用收益法执行数据资产评估业务时，应当合理确定折现率。折现率可以通过分析评估基准日的利率、投资回报率，以及数据资产权利实施过程中的技术、经营、市场、资金等因素确定。数据资产折现率可以采用无风险报酬率加风险报酬率的方式确定。数据资产折现率与预期收益的口径保持一致。

第二十五条 执行数据资产评估业务，选用市场法的前提条件是具有公开并活跃的交易市场。

第二十六条 市场法通过以下公式中的因素修正评估数据资产价值：

被评估数据资产的价值=可比案例数据资产的价值×技术修正系数×价值密度修正系数×期日修正系数×容量修正系数×其他修正系数

第二十七条 使用市场法执行数据资产评估业务时，在充分了解被评估数据资产的情况后，需要搜集类似数据资产交易案例相关信息，包括交易价格、交易时间、交易条件等信息，并从中选取可比案例。对于类似数据资产，可以从相近数据类型和相近数据用途两个方面获取。目前比较常见的数据类型包括：用户关系数据、基于用户关系产生的社交数据、交易数据、信用数据、移动数据、用户搜索表征的需求数据等。目前比较常见的数据用途包括：精准化营销、产品销售预测和需求管理、客户关系管理、风险管控等。

第二十八条 使用市场法执行数据资产评估业务时，应当收集足够的可比交易案例，并根据数据资产特性对交易信息进行必要调整，调整参数一般可以包括技术修正系数、价值密度修正系数、期日修正系数、容量修正系数和其他修正系数。

其中，技术修正系数主要考虑因技术因素带来的数据资产价值差异，通常包括数据获取、数据存储、数据加工、数据挖掘、数据保护、数据共享等因素。

期日修正系数主要考虑评估基准日与可比案例交易日期的不同带来的数据资产价值差异。一般来说，离评估基准日越近，越能反映相近商业环境下的成交价，其价值差异越小。期日修正系数的基本公式为：期日修正系数=评估基准日价格指数/可比案例交易日价格指数。

容量修正系数主要考虑不同数据容量带来的数据资产价值差异，其基本逻辑为：一般情况下，价值密度接近时，容量越大，数据资产总价值越高。容量修正系数的基本公式为：容量修正系数=评估对象的容量／可比案例的容量。当评估对象和可比案例的价值密度相同或者相近时，一般只需要考虑数据容量对资产价值的影响；当评估对象和可比案例的价值密度差异较大时，除需要考虑数据容量之外，还需要考虑价值密度对资产价值的影响。

价值密度修正系数主要考虑有效数据占总体数据比例不同带来的数据资产价值差异。价值密度用单位数据的价值来衡量，价值密度修正系数的逻辑为：有效数据（指在总体数据中对整体价值有贡献的那部分数据）占总体数据量比重越大，则数据资产总价值越高。如果一项数据资产可以进一步拆分为多项子数据资产，每一项子数据资产可能具有不同的价值密度，那么总体的价值密度应当考虑每个子数据资产的价值密度。

其他修正系数主要考虑数据资产评估实务中，根据具体数据资产的情况，影响数据资产价值差异的其他因素，例如，市场供需状况差异。可以根据实际情况考虑可比案例差异，选择修正系数。

第二十九条 当前正值数据资产市场建设期，交易透明度、信息公开度还需要时间来提升，有些数据资产不是在企业经营中形成直接收益，直接预测收益有一定难度，需要进行大量的市场调研、应用推演和实践检验。在上述条件下，可以考虑使用成本法，而收益法和市场法通常适用于交易性和收益性较好的数据资产评估。

第三十条 资产评估专业人员执行数据资产评估业务时，不论选择哪种评估方法进行评估，都应当保证评估目的与评估所依据的各种假设、前提条件，所使用的各种参数，在性质和逻辑上的一致。尤其是在运用多种评估方法评估同一评估对象时，更要保证每种评估方法运用中所依据的各种假设、前提条件，数据参数的可比性，以便能够使运用不同评估方法所得到的测算结果具有可比性和相互可验证性。

第四章　数据资产评估报告的编制

第三十一条　鉴于我国数据资产的产权还没有专门的法律法规予以明确，在编制数据资产评估报告时，可以就数据资产的来源、加工、形成进行描述，关注资产评估相关准则对评估对象产权描述的规定。

第三十二条　在编制数据资产评估报告时，不得违法披露数据资产涉及的国家安全、商业秘密、个人隐私等数据。

第三十三条　编制数据资产评估报告需要反映数据资产的特点，通常包括下列内容：

（一）评估对象的详细情况，通常包括数据资产的名称、来源、数据规模、产生时间、更新时间、数据类型、呈现形式、时效性、应用范围、权利属性、使用权具体形式以及法律状态等；

（二）数据资产应用的商业模式；

（三）对影响数据资产价值的基本因素、法律因素、经济因素的分析过程；

（四）使用的评估假设和前提条件；

（五）数据资产的许可使用、转让、诉讼和质押情况；

（六）有关评估方法的主要内容，包括评估方法的选取及其理由，评估方法中的运算和逻辑推理公式，各重要参数的来源、分析、比较与测算过程，对测算结果进行分析并形成评估结论的过程；

（七）其他必要信息。

附录 D
中评协关于印发
《数据资产评估指导意见》的通知

中评协〔2023〕17 号

各省、自治区、直辖市、计划单列市资产评估协会（有关注册会计师协会）：

为规范数据资产评估执业行为，保护资产评估当事人合法权益和公共利益，在财政部指导下，中国资产评估协会制定了《数据资产评估指导意见》，现予印发，自 2023 年 10 月 1 日起施行。

请各地方协会将《数据资产评估指导意见》及时转发资产评估机构，组织学习和培训，并将执行过程中发现的问题及时上报中国资产评估协会。

附件：数据资产评估指导意见

中国资产评估协会

2023 年 9 月 8 日

附件

数据资产评估指导意见

第一章　总　　则

第一条　为规范数据资产评估行为，保护资产评估当事人合法权益和公共利益，根据《资产评估基本准则》及其他相关资产评估准则，制定本指导意见。

第二条　本指导意见所称数据资产，是指特定主体合法拥有或者控制的，能进行货币计量的，且能带来直接或者间接经济利益的数据资源。

第三条　本指导意见所称数据资产评估，是指资产评估机构及其资产评估专业人员遵守法律、行政法规和资产评估准则，根据委托对评估基准日特定目的下的数据资产价值进行评定和估算，并出具资产评估报告的专业服务行为。

第四条　执行数据资产评估业务，应当遵守本指导意见。

第二章　基　本　遵　循

第五条　执行数据资产评估业务，应当遵守法律、行政法规和资产评估准则，坚持独立、客观、公正的原则，诚实守信，勤勉尽责，谨慎从业，遵守职业道德规范，自觉维护职业形象，不得从事损害职业形象的活动。

第六条　执行数据资产评估业务，应当独立进行分析和估算并形成专业意见，拒绝委托人或者其他相关当事人的干预，不得直接以预先设定的价值作为评估结论。

第七条　执行数据资产评估业务，应当具备数据资产评估的专业知识和实践经验，能够胜任所执行的数据资产评估业务。缺乏特定的数据资产评估专业知识、技术手段和经验时，应当采取弥补措施，包括利用数据领域专家工作成果及相关专业报告等。

第八条 执行数据资产评估业务，应当关注数据资产的安全性和合法性，并遵守保密原则。

第九条 执行企业价值评估中的数据资产评估业务，应当了解数据资产作为企业资产组成部分的价值可能有别于作为单项资产的价值，其价值取决于它对企业价值的贡献程度。

数据资产与其他资产共同发挥作用时，需要采用适当方法区分数据资产和其他资产的贡献，合理评估数据资产价值。

第十条 执行数据资产评估业务，应当根据评估业务具体情况和数据资产的特性，对评估对象进行针对性的现场调查，收集数据资产基本信息、权利信息、相关财务会计信息和其他资料，并进行核查验证、分析整理和记录。

核查数据资产基本信息可以利用数据领域专家工作成果及相关专业报告等。资产评估专业人员自行履行数据资产基本信息相关的现场核查程序时，应当确保具备相应专业知识、技术手段和经验。

第十一条 执行数据资产评估业务，应当合理使用评估假设和限制条件。

第三章 评 估 对 象

第十二条 执行数据资产评估业务，可以通过委托人、相关当事人等提供或者自主收集等方式，了解和关注被评估数据资产的基本情况，例如：数据资产的信息属性、法律属性、价值属性等。

信息属性主要包括数据名称、数据结构、数据字典、数据规模、数据周期、产生频率及存储方式等。

法律属性主要包括授权主体信息、产权持有人信息，以及权利路径、权利类型、权利范围、权利期限、权利限制等权利信息。

价值属性主要包括数据覆盖地域、数据所属行业、数据成本信息、数据应用场景、数据质量、数据稀缺性及可替代性等。

第十三条　执行数据资产评估业务，应当知晓数据资产具有非实体性、依托性、可共享性、可加工性、价值易变性等特征，关注数据资产特征对评估对象的影响。

非实体性是指数据资产无实物形态，虽然需要依托实物载体，但决定数据资产价值的是数据本身。数据资产的非实体性也衍生出数据资产的无消耗性，即其不会因为使用而磨损、消耗。

依托性是指数据资产必须存储在一定的介质里，介质的种类包括磁盘、光盘等。同一数据资产可以同时存储于多种介质。

可共享性是指在权限可控的前提下，数据资产可以被复制，能够被多个主体共享和应用。

可加工性是指数据资产可以通过更新、分析、挖掘等处理方式，改变其状态及形态。

价值易变性是指数据资产的价值易发生变化，其价值随应用场景、用户数量、使用频率等的变化而变化。

第十四条　执行数据资产评估业务，应当根据数据来源和数据生成特征，关注数据资源持有权、数据加工使用权、数据产品经营权等数据产权，并根据评估目的、权利证明材料等，确定评估对象的权利类型。

第四章　操　作　要　求

第十五条　执行数据资产评估业务，应当明确资产评估业务基本事项，履行适当的资产评估程序。

第十六条　执行数据资产评估业务，需要关注影响数据资产价值的成本因素、场景因素、市场因素和质量因素。

成本因素包括形成数据资产所涉及的前期费用、直接成本、间接成本、机会成本和相关税费等。

场景因素包括数据资产相应的使用范围、应用场景、商业模式、市场前景、财务预测和应用风险等。

市场因素包括数据资产相关的主要交易市场、市场活跃程度、市场参与者和市场供求关系等。

质量因素包括数据的准确性、一致性、完整性、规范性、时效性和可访问性等。

第十七条　资产评估专业人员应当关注数据资产质量，并采取恰当方式执行数据质量评价程序或者获得数据质量的评价结果，必要时可以利用第三方专业机构出具的数据质量评价专业报告或者其他形式的数据质量评价专业意见等。

数据质量评价采用的方法包括但不限于：层次分析法、模糊综合评价法和德尔菲法等。

第十八条　同一数据资产在不同的应用场景下，通常会发挥不同的价值。资产评估专业人员应当通过委托人、相关当事人等提供或者自主收集等方式，了解相应评估目的下评估对象的具体应用场景，选择和使用恰当的价值类型。

第五章　评　估　方　法

第十九条　确定数据资产价值的评估方法包括收益法、成本法和市场法三种基本方法及其衍生方法。

第二十条　执行数据资产评估业务，资产评估专业人员应当根据评估目的、评估对象、价值类型、资料收集等情况，分析上述三种基本方法的适用性，选择评估方法。

第二十一条 采用收益法评估数据资产时应当：

（一）根据数据资产的历史应用情况及未来应用前景，结合应用或者拟应用数据资产的企业经营状况，重点分析数据资产经济收益的可预测性，考虑收益法的适用性；

（二）保持预期收益口径与数据权利类型口径一致；

（三）在估算数据资产带来的预期收益时，根据适用性可以选择采用直接收益预测、分成收益预测、超额收益预测和增量收益预测等方式；

（四）区分数据资产和其他资产所获得的收益，分析与之有关的预期变动、收益期限，与收益有关的成本费用、配套资产、现金流量、风险因素；

（五）根据数据资产应用过程中的管理风险、流通风险、数据安全风险、监管风险等因素估算折现率；

（六）保持折现率口径与预期收益口径一致；

（七）综合考虑数据资产的法律有效期限、相关合同有效期限、数据资产的更新时间、数据资产的时效性、数据资产的权利状况以及相关产品生命周期等因素，合理确定经济寿命或者收益期限，并关注数据资产在收益期限内的贡献情况。

第二十二条 采用成本法评估数据资产时应当：

（一）根据形成数据资产所需的全部投入，分析数据资产价值与成本的相关程度，考虑成本法的适用性；

（二）确定数据资产的重置成本，包括前期费用、直接成本、间接成本、机会成本和相关税费等；

（三）确定数据资产价值调整系数，例如：对于需要进行质量因素调整的数据资产，可以结合相应质量因素综合确定调整系数；对于可以直接确定剩余经济寿命的数据资产，也可以结合剩余经济寿命确定调整系数。

第二十三条　采用市场法评估数据资产时应当：

（一）考虑该数据资产或者类似数据资产是否存在合法合规的、活跃的公开交易市场，是否存在适当数量的可比案例，考虑市场法的适用性；

（二）根据该数据资产的特点，选择合适的可比案例，例如：选择数据权利类型、数据交易市场及交易方式、数据规模、应用领域、应用区域及剩余年限等相同或者近似的数据资产；

（三）对比该数据资产与可比案例的差异，确定调整系数，并将调整后的结果汇总分析得出被评估数据资产的价值。通常情况下需要考虑质量差异调整、供求差异调整、期日差异调整、容量差异调整以及其他差异调整等。

第二十四条　对同一数据资产采用多种评估方法时，应当对所获得的各种测算结果进行分析，说明两种以上评估方法结果的差异及其原因和最终确定评估结论的理由。

第六章　披　露　要　求

第二十五条　无论是单独出具数据资产的资产评估报告，还是将数据资产评估作为资产评估报告的组成部分，都应当在资产评估报告中披露必要信息，使资产评估报告使用人能够正确理解评估结论。

第二十六条　单独出具数据资产的资产评估报告，应当说明下列内容：

（一）数据资产基本信息和权利信息；

（二）数据质量评价情况，评价情况应当包括但不限于评价目标、评价方法、评价结果及问题分析等内容；

（三）数据资产的应用场景以及数据资产应用所涉及的地域限制、领域限制及法律法规限制等；

（四）与数据资产应用场景相关的宏观经济和行业的前景；

（五）评估依据的信息来源；

（六）利用专家工作或者引用专业报告内容；

（七）其他必要信息。

第二十七条　单独出具数据资产的资产评估报告，应当说明有关评估方法的下列内容：

（一）评估方法的选择及其理由；

（二）各重要参数的来源、分析、比较与测算过程；

（三）对测算结果进行分析，形成评估结论的过程；

（四）评估结论成立的假设前提和限制条件。

第七章　附　　则

第二十八条　本指导意见自 2023 年 10 月 1 日起施行。

（附件略）

附录 E

国家数据局等部门关于印发《"数据要素×"三年行动计划（2024—2026年）》的通知

国数政策〔2023〕11号

各省、自治区、直辖市及计划单列市、新疆生产建设兵团数据管理部门、党委网信办、科学技术厅（委、局）、工业和信息化主管部门、交通运输厅（局、委）、农业农村（农牧）厅（局、委）、商务主管部门、文化和旅游厅（局）、卫生健康委、应急管理厅（局）、医保局、气象局、文物局、中医药主管部门，中国人民银行上海总部，各省、自治区、直辖市及计划单列市分行，金融监管总局各监管局，中国科学院院属各单位：

为深入贯彻党的二十大和中央经济工作会议精神，落实《中共中央国务院关于构建数据基础制度更好发挥数据要素作用的意见》，充分发挥数据要素乘数效应，赋能经济社会发展，国家数据局会同有关部门制定了《"数据要素×"三年行动计划（2024—2026 年）》，现印发给你们，请认真组织实施。

国家数据局

中央网信办

科技部

工业和信息化部

交通运输部

农业农村部

商务部

文化和旅游部

国家卫生健康委

应急管理部

中国人民银行

金融监管总局

国家医保局

中国科学院

中国气象局

国家文物局

国家中医药局

2023 年 12 月 31 日

附件

"数据要素×"三年行动计划（2024—2026 年）

发挥数据要素的放大、叠加、倍增作用，构建以数据为关键要素的数字经济，是推动高质量发展的必然要求。为深入贯彻党的二十大和中央经济工作会议精神，落实《中共中央　国务院关于构建数据基础制度更好发挥数据要素作用的意见》，充分发挥数据要素乘数效应，赋能经济社会发展，特制定本行动计划。

一、激活数据要素潜能

随着新一轮科技革命和产业变革深入发展，数据作为关键生产要素的价值日益凸显。发挥数据要素报酬递增、低成本复用等特点，可优化资源配置，赋能实体经济，发展新质生产力，推动生产生活、经济发展和社会治理方式深刻变革，对推动高质量发展具有重要意义。

近年来，我国数字经济快速发展，数字基础设施规模能级大幅跃升，数字技术和产业体系日臻成熟，为更好发挥数据要素作用奠定了坚实基础。与此同时，也存在数据供给质量不高、流通机制不畅、应用潜力释放不够等问题。实施"数据要素×"行动，就是要发挥我国超大规模市场、海量数据资源、丰富应用场景等多重优势，推动数据要素与劳动力、资本等要素协同，以数据流引领技术流、资金流、人才流、物资流，突破传统资源要素约束，提高全要素生产率；促进数据多场景应用、多主体复用，培育基于数据要素的新产品和新服务，实现知识扩散、价值倍增，开辟经济增长新空间；加快多元数据融合，以数据规模扩张和数据类型丰富，促进生产工具创新升级，催生新产业、新模式，培育经济发展新动能。

二、总体要求

（一）指导思想

以习近平新时代中国特色社会主义思想为指导，深入贯彻落实党的二十大精神，完整、准确、全面贯彻新发展理念，发挥数据的基础资源作用和创新引擎作用，遵循数字经济发展规律，以推动数据要素高水平应用为主线，以推进数据要素协同优化、复用增效、融合创新作用发挥为重点，强化场景需求牵引，带动数据要素高质量供给、合规高效流通，培育新产业、新模式、新动能，充分实现数据要素价值，为推动高质量发展、推进中国式现代化提供有力支撑。

（二）基本原则

需求牵引，注重实效。聚焦重点行业和领域，挖掘典型数据要素应用场景，培育数据商，繁荣数据产业生态，激励各类主体积极参与数据要素开发利用。

试点先行，重点突破。加强试点工作，探索多样化、可持续的数据要素价值释放路径。推动在数据资源丰富、带动性强、前景广阔的领域率先突破，发挥引领作用。

有效市场，有为政府。充分发挥市场机制作用，强化企业主体地位，推动数据资源有效配置。更好发挥政府作用，扩大公共数据资源供给，维护公平正义，营造良好发展环境。

开放融合，安全有序。推动数字经济领域高水平对外开放，加强国际交流互鉴，促进数据有序跨境流动。坚持把安全贯穿数据要素价值创造和实现全过程，严守数据安全底线。

（三）总体目标

到 2026 年底，数据要素应用广度和深度大幅拓展，在经济发展领域数据要素乘数效应得到显现，打造300个以上示范性强、显示度高、带动性广的典型应用场景，涌现出一批成效明显的数据要素应用示范地区，培育一批创新能力强、成长性好的数据商和第三方专业服务机构，形成相对完善的数据产业生态，数据产品和服务质量效益明显提升，数据产业年均增速超过20%，场内交易与场外交易协调发展，数据交易规模倍增，推动数据要素价值创造的新业态成为经济增长新动力，数据赋能经济提质增效作用更加凸显，成为高质量发展的重要驱动力量。

三、重点行动

（四）数据要素×工业制造

创新研发模式，支持工业制造类企业融合设计、仿真、实验验证数据，培育数据驱动型产品研发新模式，提升企业创新能力。推动协同制造，推进产品主数据标准生态系统建设，支持链主企业打通供应链上下游设计、计划、质量、物流等数据，实现敏捷柔性协同制造。提升服务能力，支持企业整合设计、生产、运行数据，提升预测性维护和增值服务等能力，实现价值链延伸。强化区域联动，支持产能、采购、库存、物流数据流通，加强区域间制造资源协同，促进区域产业优势互补，提升产业链供应链监测预警能力。开发使能技术，推动制造业数据多场景复用，支持制造业企业联合软件企业，基于设计、仿真、实验、生产、运行等数据积极探索多维度的创新应用，开发创成式设计、虚实融合试验、智能无人装备等方面的新型工业软件和装备。

（五）数据要素×现代农业

提升农业生产数智化水平，支持农业生产经营主体和相关服务企业融合利用遥感、气象、土壤、农事作业、灾害、农作物病虫害、动物疫病、市场等数据，加快打造以数据和模型为支撑的农业生产数智化场景，实现精准种植、精准养殖、精准捕捞等智慧农业作业方式，支撑提高粮食和重要农产品生产效率。提高农产品追溯管理能力，支持第三方主体汇聚利用农产品的产地、生产、加工、质检等数据，支撑农产品追溯管理、精准营销等，增强消费者信任。推进产业链数据融通创新，支持第三方主体面向农业生产经营主体提供智慧种养、智慧捕捞、产销对接、疫病防治、行情信息、跨区作业等服务，打通生产、销售、加工等数据，提供一站式采购、供应链金融等服务。培育以需定产新模式，支持农业与商贸流通数据融合分析应用，鼓励电商平台、农产品批发市场、商超、物流企业等基于销售数据分析，向农产品生产端、加工端、消费端反馈农产品信息，提升农产品供需匹配能力。提升农业生产抗风险能力，支持在粮食、生猪、果蔬等领域，强化产能、运输、加工、贸易、消费等数据融合、分析、发布、应用，加强农业监测预警，为应对自然灾害、疫病传播、价格波动等影响提供支撑。

（六）数据要素×商贸流通

拓展新消费，鼓励电商平台与各类商贸经营主体、相关服务企业深度融合，依托客流、消费行为、交通状况、人文特征等市场环境数据，打造集数据收集、分析、决策、精准推送和动态反馈的闭环消费生态，推进直播电商、即时电商等业态创新发展，支持各类商圈创新应用场景，培育数字生活消费方式。培育新业态，支持电子商务企业、国家电子商务示范基地、传统商贸流通企业加强数据融合，整合订单需求、物流、产能、供应链等数据，优化配置产业链资源，打造快速响应市场的产业协同创新生态。打造新品牌，支持电子商务企业、商贸企业依托订单数量、订单类型、人口分布等数据，主动对接生产企业、产业集群，加强产销对接、精准推送，助力打造特色品牌。推进国际化，在安全合规前提下，鼓励电子商务企业、现代流通企业、数字贸易龙头企业融合交易、物流、支付数据，支撑提升供应链综合服务、跨境身份认证、全球供应链融资等能力。

（七）数据要素×交通运输

提升多式联运效能，推进货运寄递数据、运单数据、结算数据、保险数据、货运跟踪数据等共享互认，实现托运人一次委托、费用一次结算、货物一次保险、多式联运经营人全程负责。推进航运贸易便利化，推动航运贸易数据与电子发票核验、经营主体身份核验、报关报检状态数据等的可信融合应用，加快推广电子提单、信用证、电子放货等业务应用。提升航运服务能力，支持海洋地理空间、卫星遥感、定位导航、气象等数据与船舶航行位置、水域、航速、装卸作业数据融合，创新商渔船防碰撞、航运路线规划、港口智慧安检等应用。挖掘数据复用价值，融合"两客一危"、网络货运等重点车辆数据，构建覆盖车辆营运行为、事故统计等高质量动态数据集，为差异化信贷、保险服务、二手车消费等提供数据支撑。支持交通运输龙头企业推进高质量数据集建设和复用，加强人工智能工具应用，助力企业提升运输效率。推进智能网联汽车创新发展，支持自动驾驶汽车在特定区域、特定时段进行商业化试运营试点，打通车企、第三方平台、运输企业等主体间的数据壁垒，促进道路基础设施数据、交通流量数据、驾驶行为数据等多源数据融合应用，提高智能汽车创新服务、主动安全防控等水平。

（八）数据要素×金融服务

提升金融服务水平，支持金融机构融合利用科技、环保、工商、税务、气象、消费、医疗、社保、农业农村、水电气等数据，加强主体识别，依法合规优化信贷业务管理和保险产品设计及承保理赔服务，提升实体经济金融服务水平。提高金融抗风险能力，推进数字金融发展，在依法安全合规前提下，推动金融信用数据和公共信用数据、商业信用数据共享共用和高效流通，支持金融机构间共享风控类数据，融合分析金融市场、信贷资产、风险核查等多维数据，发挥金融科技和数据要素的驱动作用，支撑提升金融机构反欺诈、反洗钱能力，提高风险预警和防范水平。

（九）数据要素×科技创新

推动科学数据有序开放共享，促进重大科技基础设施、科技重大项目等产生的各类科学数据互联互通，支持和培育具有国际影响力的科学数据库建设，依托国家科学数据中心等平台强化高质量科学数据资源建设和场景应用。以科学数据助力前沿研究，面向基础学科，提供高质量科学数据资源与知识服务，驱动科学创新发现。以科学数据支撑技术创新，聚焦生物育种、新材料创制、药物研发等领域，以数智融合加速技术创新和产业升级。以科学数据支持大模型开发，深入挖掘各类科学数据和科技文献，通过细粒度知识抽取和多来源知识融合，构建科学知识资源底座，建设高质量语料库和基础科学数据集，支持开展人工智能大模型开发和训练。探索科研新范式，充分依托各类数据库与知识库，推进跨学科、跨领域协同创新，以数据驱动发现新规律，创造新知识，加速科学研究范式变革。

（十）数据要素×文化旅游

培育文化创意新产品，推动文物、古籍、美术、戏曲剧种、非物质文化遗产、民族民间文艺等数据资源依法开放共享和交易流通，支持文化创意、旅游、展览等领域的经营主体加强数据开发利用，培育具有中国文化特色的产品和品牌。挖掘文化数据价值，贯通各类文化机构数据中心，关联形成中华文化数据库，鼓励依托市场化机制开发文化大模型。提升文物保护利用水平，促进文物病害数据、保护修复数据、安全监管数据、文物流通数据融合共享，支持实现文物保护修复、监测预警、精准管理、应急处置、阐释传播等功能。提升旅游服务水平，支持旅游经营主体共享气象、交通等数据，在合法合规前提下构建客群画像、城市画像等，优化旅游配套服务、一站式出行服务。提升旅游治理能力，支持文化和旅游场所共享公安、交通、气象、证照等数据，支撑"免证"购票、集聚人群监测预警、应急救援等。

（十一）数据要素×医疗健康

提升群众就医便捷度，探索推进电子病历数据共享，在医疗机构间推广检查检验结果数据标准统一和共享互认。便捷医疗理赔结算，支持医疗机构基于信用数据开展先诊疗后付费就医。推动医保便民服务。依法依规探索推进医保与商业健康保险数据融合应用，提升保险服务水平，促进基本医保与商业健康保险协同发展。有序释放健康医疗数据价值，完善个人健康数据档案，融合体检、就诊、疾控等数据，创新基于数据驱动的职业病监测、公共卫生事件预警等公共服务模式。加强医疗数据融合创新，支持公立医疗机构在合法合规前提下向金融、养老等经营主体共享数据，支撑商业保险产品、疗养休养等服务产品精准设计，拓展智慧医疗、智能健康管理等数据应用新模式新业态。提升中医药发展水平，加强中医药预防、治疗、康复等健康服务全流程的多源数据融合，支撑开展中医药疗效、药物相互作用、适应症、安全性等系统分析，推进中医药高质量发展。

（十二）数据要素×应急管理

提升安全生产监管能力，探索利用电力、通信、遥感、消防等数据，实现对高危行业企业私挖盗采、明停暗开行为的精准监管和城市火灾的智能监测。鼓励社会保险企业围绕矿山、危险化学品等高危行业，研究建立安全生产责任保险评估模型，开发新险种，提高风险评估的精准性和科学性。提升自然灾害监测评估能力，利用铁塔、电力、气象等公共数据，研发自然灾害灾情监测评估模型，强化灾害风险精准预警研判能力。强化地震活动、地壳形变、地下流体等监测数据的融合分析，提升地震预测预警水平。提升应急协调共享能力，推动灾害事故、物资装备、特种作业人员、安全生产经营许可等数据跨区域共享共用，提高监管执法和救援处置协同联动效率。

（十三）数据要素×气象服务

降低极端天气气候事件影响，支持经济社会、生态环境、自然资源、农业农村等数据与气象数据融合应用，实现集气候变化风险识别、风险评估、风险预警、风险转移的智能决策新模式，防范化解重点行业和产业气候风险。支持气象数据与城市规划、重大工程等建设数据深度融合，从源头防范和减轻极端天气和不利气象条件对规划和工程的影响。创新气象数据产品服务，支持金融企业融合应用气象数据，发展天气指数保险、天气衍生品和气候投融资新产品，为保险、期货等提供支撑。支持新能源企业降本增效，支持风能、太阳能企业融合应用气象数据，优化选址布局、设备运维、能源调度等。

（十四）数据要素×城市治理

优化城市管理方式，推动城市人、地、事、物、情、组织等多维度数据融通，支撑公共卫生、交通管理、公共安全、生态环境、基层治理、体育赛事等各领域场景应用，实现态势实时感知、风险智能研判、及时协同处置。支撑城市发展科学决策，支持利用城市时空基础、资源调查、规划管控、工程建设项目、物联网感知等数据，助力城市规划、建设、管理、服务等策略精细化、智能化。推进公共服务普惠化，深化公共数据的共享应用，深入推动就业、社保、健康、卫生、医疗、救助、养老、助残、托育等服务"指尖办""网上办""就近办"。加强区域协同治理，推动城市群数据打通和业务协同，实现经营主体注册登记、异地就医结算、养老保险互转等服务事项跨城通办。

（十五）数据要素×绿色低碳

提升生态环境治理精细化水平，推进气象、水利、交通、电力等数据融合应用，支撑气象和水文耦合预报、受灾分析、河湖岸线监测、突发水事件应急处置、重污染天气应对、城市水环境精细化管理等。加强生态环境公共数据融合创新，支持企业融合应用自有数据、生态环境公共数据等，优化环境风险评估，支撑环境污染责任保险设计和绿色信贷服务。提升能源利用效率，促进制造与能源数据融合创新，推动能源企业与高耗能企业打通订单、排产、用电等数据，支持能耗预测、多能互补、梯度定价等应用。提升废弃资源利用效率，汇聚固体废物收集、转移、利用、处置等各环节数据，促进产废、运输、资源化利用高效衔接，推动固废、危废资源化利用。提升碳排放管理水平，支持打通关键产品全生产周期的物料、辅料、能源等碳排放数据以及行业碳足迹数据，开展产品碳足迹测算与评价，引导企业节能降碳。

四、强化保障支撑

（十六）提升数据供给水平

完善数据资源体系，在科研、文化、交通运输等领域，推动科研机构、龙头企业等开展行业共性数据资源库建设，打造高质量人工智能大模型训练数据集。加大公共数据资源供给，在重点领域、相关区域组织开展公共数据授权运营，探索部省协同的公共数据授权机制。引导企业开放数据，鼓励市场力量挖掘商业数据价值，支持社会数据融合创新应用。健全标准体系，加强数据采集、管理等标准建设，协同推进行业标准制定。加强供给激励，制定完善数据内容采集、加工、流通、应用等不同环节相关主体的权益保护规则，在保护个人隐私前提下促进个人信息合理利用。

（十七）优化数据流通环境

提高交易流通效率，支持行业内企业联合制定数据流通规则、标准，聚焦业务需求促进数据合规流通，提高多主体间数据应用效率。鼓励交易场所强化合规管理，创新服务模式，打造服务生态，提升服务质量。打造安全可信流通环境，深化数据空间、隐私计算、联邦学习、区块链、数据沙箱等技术应用，探索建设重点行业和领域数据流通平台，增强数据利用可信、可控、可计量能力，促进数据合规高效流通使用。培育流通服务主体，鼓励地方政府因地制宜，通过新建或拓展既有园区功能等方式，建设数据特色园区、虚拟园区，推动数据商、第三方专业服务机构等协同发展。完善培育数据商的支持举措。促进数据有序跨境流动，对标国际高标准经贸规则，持续优化数据跨境流动监管措施，支持自由贸易试验区开展探索。

（十八）加强数据安全保障

落实数据安全法规制度，完善数据分类分级保护制度，落实网络安全等级保护、关键信息基础设施安全保护等制度，加强个人信息保护，提升数据安全保障水平。丰富数据安全产品，发展面向重点行业、重点领域的精细化、专业型数据安全产品，开发适合中小企业的解决方案和工具包，支持发展定制化、轻便化的个人数据安全防护产品。培育数据安全服务，鼓励数据安全企业开展基于云端的安全服务，有效提升数据安全水平。

五、做好组织实施

（十九）加强组织领导

发挥数字经济发展部际联席会议制度作用，强化重点工作跟踪和任务落实，协调推进跨部门协作。行业主管部门要聚焦重点行业数据开发利用需求，细化落实行动计划的举措。地方数据管理部门要会同相关部门研究制定落实方案，因地制宜形成符合实际的数据要素应用实践，带动培育一批数据商和第三方专业服务机构，营造良好生态。

（二十）开展试点工作

支持部门、地方协同开展政策性试点，聚焦重点行业和领域，结合场景需求，研究数据资源持有权、数据加工使用权、数据产品经营权等分置的落地举措，探索数据流通交易模式。鼓励各地方大胆探索、先行先试，加强模式创新，及时总结可复制推广的实践经验。推动企业按照国家统一的会计制度对数据资源进行会计处理。

（二十一）推动以赛促用

组织开展"数据要素×"大赛，聚焦重点行业和领域搭建专业竞赛平台，加强数据资源供给，激励社会各界共同挖掘市场需求，提升数据利用水平。支持各类企业参与赛事，加强大赛成果转化，孵化新技术、新产品，培育新模式、新业态，完善数据要素生态。

（二十二）加强资金支持

实施"数据要素×"试点工程，统筹利用中央预算内投资和其他各类资金加大支持力度。鼓励金融机构按照市场化原则加大信贷支持力度，优化金融服务。依法合规探索多元化投融资模式，发挥相关引导基金、产业基金作用，引导和鼓励各类社会资本投向数据产业。支持数据商上市融资。

（二十三）加强宣传推广

开展数据要素应用典型案例评选，遴选一批典型应用。依托数字中国建设峰会及各类数据要素相关会议、论坛和活动等，积极发布典型案例，促进经验分享和交流合作。各地方数据管理部门要深入挖掘数据要素应用好经验、好做法，充分利用各类新闻媒体，加大宣传力度，提升影响力。

附录 F

关于加强行政事业单位数据
资产管理的通知

财资〔2024〕1号

党中央有关部门，国务院各部委、各直属机构，全国人大常委会办公厅，全国政协办公厅，最高人民法院，最高人民检察院，各民主党派中央，有关人民团体，各省、自治区、直辖市、计划单列市财政厅（局），新疆生产建设兵团财政局，有关中央管理企业：

为贯彻落实《中共中央 国务院关于构建数据基础制度更好发挥数据要素作用的意见》，加强行政事业单位数据资产管理，充分发挥数据资产价值作用，保障数据资产安全，更好地服务与保障单位履职和事业发展，根据《行政事业性国有资产管理条例》（国务院令第 738 号）、《财政部关于印发〈关于加强数据资产管理的指导意见〉的通知》（财资〔2023〕141号）等有关规定，现就加强行政事业单位数据资产管理工作通知如下：

一、明晰管理责任，健全管理制度

（一）明晰责任。行政事业单位数据资产是各级行政事业单位在依法履职或提供公共服务过程中持有或控制的，预期能够产生管理服务潜力或带来经济利益流入的数据资源。地方财政部门应当结合本地实际，逐步建立健全数据资产管理制度及机制，并负责组织实施和监督检查。各部门要切实加强本部门数据资产管理工作，指导、监督所属单位数据资产管理工作。各部门所属单位负责本单位数据资产的具体管理。

（二）健全制度。各部门应当根据工作需要和实际情况，建立健全行政事业单位数据资产管理办法，针对数据资产确权、配置、使用、处置、收益、安全、保密等重点管理环节，细化管理要求，明确操作规程，确保管理规范、流程清晰、责任可查。涉及处理个人信息的，应当依照相关法律法规规定的权限和程序进行。

二、规范管理行为，释放资产价值

（三）从严配置。行政事业单位主要通过自主采集、生产加工、购置等方式配置数据资产。加强数据资产源头管理，在依法履职或提供公共服务过程中，应当按照规定的范围、方法、技术标准等进行自主采集、生产加工数据形成资产。通过购置方式配置数据资产的，应当根据依法履职和事业发展需要，落实过紧日子要求，按照预算管理规定科学配置，涉及政府采购的应当执行政府采购有关规定。

（四）规范使用。依据《中华人民共和国数据安全法》等规定，做好数据资产加工处理工作，提高数据资产质量和管理水平。规范数据资产授权，经安全评估并按资产管理权限审批后，可将数据加工使用权、数据产品经营权授权运营主体进行运营。运营主体应当建立安全可信的运营环境，在授权范围内运营，并对数据的安全和合规负责。各部门及其所属单位对外授权有偿使用数据资产，应当严格按照资产管理权限履行审批程序，并按照国家规定对资产相关权益进行评估。不得利用数据资产进行担保，新增政府隐性债务。严禁借授权有偿使用数据资产的名义，变相虚增财政收入。

（五）开放共享。积极推动数据资产开放共享，在确保公共安全和保护个人隐私的前提下，加强数据资产汇聚共享和开发开放，促进数据资产使用价值充分利用。加大数据资产供给使用，推动用于公共治理、公益事业的数据资产有条件无偿使用，探索用于产业发展、行业发展的数据资产有条件有偿使用。依法依规予以保密的数据资产不予开放，开放共享进入市场的数据资产应当明确授权使用范围，并严格授权使用。

（六）审慎处置。各部门及其所属单位应当根据依法履职、事业发展需要和数据资产使用状况，经集体决策和履行审批程序，依据处置事项批复等相关文件及时处置数据资产。确需彻底删除、销毁数据资产的，应当按照保密制度的规定，利用专业技术手段彻底销毁，确保无法恢复。

（七）严格收益。建立合理的数据资产收益分配机制，依法依规维护数据资产权益。行政单位数据资产使用形成的收入，按照政府非税收入和国库集中收缴制度的有关规定管理。事业单位数据资产使用形成的收入，由本级财政部门规定具体管理办法。除国家另有规定外，行政事业单位数据资产的处置收入按照政府非税收入和国库集中收缴制度的有关规定管理。任何行政事业单位及个人不得违反国家规定，多收、少收、不收、少缴、不缴、侵占、私分、截留、占用、挪用、隐匿、坐支数据资产相关收入。

（八）夯实基础。各部门及其所属单位要结合数据资源目录对数据资产进行清查盘点，并按照《固定资产等资产基础分类与代码》（GB/T 14885—2022）等国家标准，加强数据资产登记，在预算管理一体化系统中建立并完善资产信息卡。

三、严格防控风险，确保数据安全

（九）维护安全。各部门及其所属单位要认真贯彻总体国家安全观，严格遵守《中华人民共和国网络安全法》《中华人民共和国数据安全法》《中华人民共和国个人信息保护法》等法律制度规定，落实网络安全等级保护制度，建立数据资产安全管理制度和监测预警、应急处置机制，推进数据资产分类分级管理，把安全贯穿数据资产全生命周期管理，有效防范和化解各类数据资产安全风险，切实筑牢数据资产安全保障防线。各部门及其所属单位应当按规定做好国家数据安全风险评估。

（十）加强监督。各部门及其所属单位要加强数据资产监督，坚持事前监督与事中监督、事后监督相结合，日常监督和专项检查相结合，构筑立体化监督网络；自觉接受人大监督、审计监督、财会监督等各类监督，确保数据资产安全完整。

（十一）及时报告。各部门及其所属单位应当将数据资产管理情况逐步纳入行政事业性国有资产管理情况报告。

数据资产作为经济社会数字化转型进程中的新兴资产类型，是国家重要的战略资源。各部门及其所属单位要按照国家有关规定及本通知要求，切实加强行政事业单位数据资产管理，因地制宜探索数据资产管理模式，充分实现数据要素价值，更好发挥数据资产对推动数字经济发展的支撑作用。

财政部

2024 年 2 月 5 日

附录 G

关于优化中央企业资产评估
管理有关事项的通知

国资发产权规〔2024〕8号

各中央企业：

为推动国有经济布局优化和结构调整，助力企业实现高质量发展，优化企业国有资产评估管理，现将有关事项通知如下：

一、加强重大资产评估项目管理

（一）中央企业应当对资产评估项目实施分类管理，综合考虑评估目的、评估标的资产规模、评估标的特点等因素，合理确定本集团重大资产评估项目划分标准，原则上，企业对外并购股权项目应纳入重大资产评估项目。中央企业应当研究制定重大资产评估项目管理制度或修订现行资产评估管理制度，并报送国务院国资委。

（二）中央企业集团公司资产评估管理工作人员应当参与重大资产评估项目涉及的经济行为研究论证、尽职调查结果审核（如有）、评估机构选聘等。必要时，可进行全程跟踪。

（三）中央企业应当通过公开招标、邀请招标、竞争性谈判等方式在本集团评估机构备选库内择优选聘评估机构执业重大资产评估项目。选聘评估机构应当制定选聘文件，明确项目信息、评价要素、评分标准等内容。评价要素至少包括项目团队人员组成及其评估标的相关行业的执业经验、评估工作方案、资源配备、质量控制、费用报价等。其中，费用报价的分值权重不高于 15%，费用报价得分=（1－｜选聘基准价－费用报价｜/选聘基准价）×费用报价所占权重分值，选聘基准价为参与选聘的评估机构费用报价的平均值。

（四）中央企业备案重大资产评估项目过程中，如在评估方法、评估模型、重要参数选取以及其他可能对评估结论产生重大影响的特殊事项处理等方面遇到问题，可以书面向国务院国资委申请推荐专家进行论证。必要时，国务院国资委加强对项目的业务指导。

（五）重大资产评估项目完成备案后，中央企业集团公司和评估机构委托方资产评估管理工作人员以及参与项目评审的专家应当根据本通知所附评估机构执业质量评价表，对评估机构执业质量进行评价。评价结果作为后续优化调整评估机构备选库和选聘评估机构的重要参考依据之一。

二、进一步优化资产评估和估值事项

（一）中央企业及其子企业发生以下经济行为时，依照相关法律和企业章程履行决策程序后，可以不对相关标的进行评估：

1. 符合国资监管有关规定无偿划转股权、资产；

2. 履行出资人职责的机构对国家独资、全资出资企业增资、减资；

3. 国有独资、国有全资企业之间进行交易；

4. 企业原股东同比例增资、减资；

5. 有限责任公司整体变更为股份有限公司或者股份有限公司变更为有限责任公司，股东及其持股比例不变；

6. 中央企业内部同一控制下的母公司与其独资、全资子企业之间，或独资、全资子企业之间以及股东及其持股比例完全相同的子企业之间进行交易；

7. 解散注销未发生债务或已将债务清偿且不涉及非货币资产在不同股东之间分配的企业，或资产、负债由原股东承继的一人有限责任公司；

8. 拟通过公开挂牌方式转让无法获取标的企业资料的参股股权以及账面原值低于 500 万元（含 500 万元）的存货、固定资产等，或出售、租赁能够获取公开市场价格的房产。

（二）中央企业及其子企业发生以下经济行为时，依照相关法律和企业章程履行决策程序后，可以聘请专业机构对相关标的进行估值：

1. 标的为境外企业或资产的交易；

2. 并购上市公司；

3. 标的为原创性技术、前沿性技术、涉密技术、"卡脖子"关键核心技术、战略性新兴产业企业，以及主要任务为研发首台（套）装备、首批次材料、首版次软件等产品且尚未形成稳定销售收入的企业的交易；

4. 中央企业管理基金按照市场惯例对外投资或转让所持股权；

5. 标的为有限合伙企业份额的交易。

除上述第一种情形集团公司应当履行备案程序外，其他经济行为涉及的估值事项管理方式和管理内容，包括管理主体、备案主体、审核主体、工作程序、估值机构选聘、估值结果使用等，由中央企业制定估值项目管理制度予以明确，并报送国务院国资委。

三、健全完善知识产权、科技成果、数据资产等资产交易流转定价

（一）中央企业及其子企业发生知识产权、科技成果、数据资产等资产转让、作价出资、收购等经济行为时，应当依据评估或估值结果作为定价参考依据。经咨询 3 家及以上专业机构，确难通过评估或估值方式对标的价值进行评定估算的，依照相关法律和企业章程履行决策程序后，可以通过挂牌交易、拍卖、询价、协议等方式确定交易价格，其中挂牌或拍卖底价可以参照其账面价值、历史投入成本等因素合理确定。

通过询价方式确定知识产权、科技成果、数据资产转让、作价出资等交易价格的，企业应当组成询价小组，结合资产特点编写询价书，采用询价公告或报价邀请函的方式通知有意向的交易方，对报价文件进行审阅评定，综合考虑交易方意图、实力、价格等因素确定最终交易方。

通过协议方式确定知识产权、科技成果、数据资产转让、作价出资或收购等交易价格的，应当结合其账面价值、历史投入成本等因素，邀请法律专家、财务专家、技术专家、行业专家在充分论证其法律价值、技术价值和经济价值的基础上综合确定，并在适当范围内进行公示。对于一次定价确有难度的，交易双方可以参照实际应用效果，约定价格调整原则、调整周期、重大事项节点等。

（二）许可使用知识产权、科技成果、数据资产，可以采用销售额或利润提成、许可入门费加销售额或利润提成等方式确定许可费用。许可入门费和提成率可参照《国家知识产权局办公室关于印发〈专利开放许可使用费估算指引（试行）〉的通知》（国知办发运字〔2022〕56 号），结合所在行业的平均净资产收益率、营业收入利润率等水平、许可使用对象的数量、许可费用的支付方式等因素合理确定。

四、其他有关事项

（一）多个国有股东对同一评估对象发生相同经济行为时，经协商一致可以签订书面协议，明确由其中一方委托专业机构评估或估值，并依照其产权关系办理核准或备案手续。

（二）中央企业及其子企业参股的企业发生转让或者受让股权及资产、以非货币资产出资、非国有股东增资及减资、解散清算、收购非国有单位股权及资产等经济行为时，国有股东代表应当比照现行国有资产评估管理相关规定，发表对相关标的进行资产评估或估值的股东意见，最终以参股企业决策为准。

（三）企业实施需要进行资产评估或估值的经济行为时，应当以评估结果或估值结果作为参考依据，并结合经济行为目的、协同效应、交易双方谈判情况等合理确定交易价格。企业对外转让标的价格低于评估结果 90%、对外收购标的价格高于评估结果 110%时，应当经经济行为批准单位充分论证合理性并书面同意后继续交易。作价参考依据为估值区间的，交易价格应当在估值区间内。

五、附则

（一）各地国有资产监督管理机构可以根据本地区资产评估管理实际情况，参照执行本通知相关规定。

（二）本通知适用于境外中央企业及其子企业。

（三）本通知自印发之日起施行。

（附件略）